張琳

現代中国における満族

生活・信仰・氏族とその変容

風響社

はじめに

満族は中国の辛亥革命、土地改革、文化大革命、改革開放など幾つかの歴史的ポイントにおいて、柔軟に自己転身し、変容を見せながら今日のような姿に辿りついた。それぞれの歴史的変遷は政治的、経済的、生活面にとどまらず、彼らの精神的、内面的世界にまでも及んでいる。満族の発祥地である新賓満族自治県の事例を踏まえ、満族の生活実態と歴史変遷を明らかにし、現代の変容ぶりを考察する。すなわち、現代中国社会における急激な時代的変容のなかで、「変化」と「不変」という視座を通し、満族の民族的あり方を理解することを目的とする。満族の実像を描き出し、満族のことを改めて世界に見せようとするものである。

中華人民共和国成立以来、土地改革、社会主義現代化、改革開放、中国特色社会主義などの政策が絶えず打ち出されている。一九五〇年代頃から現在に至るまでの中国は計画経済から市場経済への変化が起こった。満族社会においても政治と経済状況は社会の発展とともに変わり、政治経済は①生産隊時期、②改革開放時期、③新しい経済改革時期という三つの転換期に大きく分けて、今日の様子まで辿り着いた。本書は現代社会における満族に焦点を当てて、中華人民共和国成立以降の社会的変遷に伴う満族社会の実態と変容を観察するものである。ここでは、新賓満族自治県の三氏族の事例を取り上げ、調査対象村の地域的特徴と政治的背景という二つの要素を考慮しながら、満族に関して政治経済、信仰、氏族組織及び民族関係などの側面から総括的に考察した。文化人類学的観点から今日の満族の実像を描き出し、正確、斬新な満族を直接に反映することを試みた。

なお、調査地の人々のプライバシーを保護するため、一部の地名や人名は仮名で書かれている。ご理解いただきたい。

目次

装丁＝オーバードライブ・前田幸江

●現代中国における満族——生活・信仰・氏族とその変容

序論

一　研究背景と目的

辛亥革命が起きるとともに満族による清王朝の統治に終止符が打たれ、中国が王朝政権から国民国家に移行しはじめた。その後、中華人民共和国が成立し、土地改革、文化大革命から改革開放にいたるまで中国現代史は激しい変動の波にさらされた。これら一連の歴史的経過の中で、満族の人々の物質生活や精神生活も大きな変遷や変化を経てきた。そして現在、中国に属する五五の少数民族の中で、満族は第三番目の規模をもち、大きな影響を有している。

満族は今では中国全土に散在しているが、その人口がもっとも多く集中している地域は遼寧省である。とくに、遼寧省の東部に位置する新賓満族自治県は、一六世紀末期から清王朝の発祥・発展の地として、歴史的にも重要な地域であり、満族の故郷として特別な地と見なされている。この新賓地域はその独特な自然と歴史的環境によって、民族的英雄の影響や、多様な文化や信仰の融合などといった地域的な特徴が見られる。

現代中国社会において、急激な社会的変遷と国家政策の変革によって、満族の伝統的社会は大きな変貌を遂げてきた。しかし、一般的な満族に対する印象は、シャーマニズム、八旗制度、皇帝、チャイナドレスなど清王朝時代のそれに止まっているのではないだろうか。実際に、統治者としての満族は今日に遠く離れた古い時代の満族である。一方、特に中華人民共和国が成立して以降、社会主義制度の中に巻き込まれている満族はどのようなありようを示しているのか。また、少数民族の一つとして満族はどのようになっているのか。これらの満族に関する基本的で、シンプルな疑問でも、簡単に答えられるだろうか。

調査地において、数多くの満族と出会った。なかでも氏族の鮮やかな歴史をもつ貴族出身の満族は今日、村の中でどのような生活を営んでいるのか。日常生活における彼らの現実像を明らかにしたい。これは本書の最初の直接的な動機である。

上述したような背景を踏まえ、本書は主に①新しい時代における政治経済、生活環境の変化、②満族の信仰、氏族組織など伝統の実態、③少数民族としての存在、民族間関係を明らかにすることを目的にする。満族社会の実態を提示し、その過程において彼らが体験した変化を追いかける。

一九五〇年代以来、漢族を中心にする中国社会は大きく変わった。満族は少数民族として社会の一部分でありながら、社会主義政策に巻き込まれ、大きく変化しつつある。国家の近代化政策が満族に与えた影響に注目しながら、社会、文化変化の歴史とその背景を明らかにし、宗教、親族、民族間関係などの側面から今日の満族社会の実像を取り上げる。

満族は自ら国家支配者として君臨した清王朝の時も、中華人民共和国の一民族として、急激な社会環境の変化にさらされていた時も、それぞれの時代の要請に応じて常に積極的かつ柔軟に対処しながら変容してきたと言えよう。そして、満族社会もまた、時代の変化に伴って、その内容と形式のどちらにおいても再構成の動きをやめなかったのである。

本書では、今日の新賓満族自治県の一村落に暮らす満族について、その政治経済、生活、信仰、氏族組織、民族間関係などの側面に視点をすえて考察したい。その際、村全体を単位にし、彼らの生活の場における様々な日常的な実践について、口頭伝承などの資料をもふまえて、さらに、上述したような歴史的形成と社会的変動を絶えず視野に入れて分析したい。言い換えれば、満族の歴史を生きてきた主体として捉え、彼らがどのように社会的変遷に対応し、それに応じてどのように満族社会を再構成していったかの過程に留意する。このことによって、現代中国の文化的・政治的環境における少数民族としての満族のありようを浮き彫りにしたい。

二　先行研究

満族には中国国内におけるその他の大多数の少数民族とは大きく異なった事情がある。それは、言うまでもないことであるが、近代史上において二六八年もの間、中国全土を支配した王朝を作り上げたということである。したがって、中国国内外において満族に関わる研究は数多くあり、しかもその範囲はかなり多岐にわたっている。それらの研究の中には、清王朝の政治に関するもの、軍事制度や社会組織に関するもの、また歴史を中心に研究した著書や論文がその多くを占めている。たとえば、『清朝簡史』〔杜家驥　一九九七〕、『満族通史』〔李・関　一九九一〕、『満族史論集』〔姜相順　一九九九〕などがその例として挙げられる。

ところで、本書の調査対象地である新賓満族自治県は清王朝の発祥地である。そのため、当地には特殊な政治的意義が存在する。また、新賓満族自治県は大量の満族が集中居住する地域であるため、多くの研究者は特別な関心を寄せている。したがって、この地域をめぐる多くの先行研究がある。

たとえば、『満族の家族と社会』〔江守・愛新覚羅　一九九六〕は満族の家族慣習・親族組織と文化の二部分の内容に分けられており、八篇の論文が掲載されている。その内容は満族の家族慣習をはじめ、新賓満族の八旗制度、風俗慣習、族譜などである。その中で、祖先祭祀とそれを支える家族組織について研究したものに、小熊誠の「満族の家族組織と祖先祭祀」がある。そこでは、「新賓地域での調査によると、現在では、満族特有の同姓一族、つまりハラの結合はほとんどその機能も失われ、せいぜい三世代を深度とする一般的な近親のつながりが、機能を持っている。祖先祭祀も、その範囲でおこなわれる儀礼が復活しているが、儀礼の内容は、漢族のそれとは異なり、やはり伝統的な満族の方法によって執りおこなわれている」〔江守・愛新覚羅　一九九六：一三二〕と指摘されている。

小熊は、以前の満族は自らの祖先や天を祀ることによって一族の結束力を高め、現世の幸せを祈ることを目的としていたこと、そして、いくつかの祖先祭祀は天と地、人と神および世代と世代をつなげる機能を持っていたこと、その後、戦争の発生や政策の変化の影響を受けて満族特有の同姓一族の結合は機能や実態を失い家祭のような行動はほとんどなくなってしまったが、家族および親族のつながりを重要視した満族の間には、改革開放政策以来は祖先に対する祭祀が復活してきている、と述べている。

本書では、中国現代社会における民間信仰に関する研究に着目したい。楊慶堃［一九六一］は中国宗教の形態、合理性および歴史的伝統性について述べ、中国における民間信仰の研究に理論的基礎を築いた。楊は『中国社会における宗教』[1]（二〇〇七年）において、大量の各地方志を資料として、分散性宗教（diffused religion）という概念を示し、その概念に基づいて社会に対する宗教の特徴と機能を系統的に説明している。

楊以前、中国では宗教の存在そのものや民間信仰を宗教と見なせるかどうかなどについて疑問視されていた。それらの疑問に対して、楊は以下のような論証をおこなっている。たとえば、中国における宗教の特徴およびその機能について、「中国人の実際の宗教生活において、宗教とは神、霊魂に対する信仰とこれらの信仰に由来する儀式行為や組織を基礎として樹立されている。（中略）すなわち、超自然的要素に注意を傾けなければ、中国民衆の宗教生活の客観的内容について正確に反映できる宗教的概念は一つもないであろう[2]」と述べ、また「中国の広大な地において、ほとんどの集落にも寺院・祠堂・神壇や神への祈りの場所があり、それらはどこにも散在しており、そのことは宗教が中国社会において強大なもので、あますことのない影響力を有していることをあらわすものであり、寺院などは社会の現実的象徴である」[3]と指摘している。

また、分散性宗教の定義については、「神学理論や崇拝対象および信仰者を有していることから、一種もしくは多種の世俗的制度の中にとても緊密に浸透することができ、それによって世俗制度の観念や儀式と構造の一部分となる」[4]としている。

すなわち、以上の楊の主な観点によれば、分散性宗教とは一般の宗教とは異なり、独立した組織構造から離れて家庭を基盤として存在する宗教のことである。そのため、分散性宗教は単なる表面的、構造的なものにこだわらず、生活上の各方面に浸透しており、社会制度の安定や秩序を守ることにも役立つものであり、すでに中国人の心に深く刻み込まれているものであるという。

この楊の調査と分析によって、民間信仰ははじめて一つの実体として宗教研究の対象になった。さらに、この影響を受けて欧大年はその著作『中国民間宗教教派研究』の中で、歴史文献調査とフィールド調査を踏まえつつ二〇世紀中国北方の村における「廟会」[5]儀式、民間信仰の組織及びその価値などの内容について分析研究している［欧大年　一九九三］。それによれば、北方の村では数多くの祭祀や伝統の祭りなどがおこなわれており、地域の人々はそれぞれの活動に参加したり、金銭などを寄与したりしている。それらの信仰や伝統的祭祀は中国宗教信仰の一部分であり、自らの神および宗教的指導者と明確な規則が備わっている。地域によって寺院・供え物・祭祀などの側面に多少の違いが見られても、人々は神に依拠して日常の悩みを癒やしてもらおうとすることに関心を集める点では同じであるとしている。

また、範麗珠［二〇一〇］は現代社会における伝統宗教と民間信仰の継承と発展について分析している。特に、民間信仰の回復について、「二一世紀のはじめには、民間信仰は持続的現象であることがますますはっきりと認識されるようになり、多くの研究では、これらの中国の伝統、特に民間信仰の伝統は、世界的規模において人類全体の精神的感覚と悟りの一部分であることを実証している」[6]と述べている。すなわち、範は、宗教と民間信仰は人の内的な精神世界にあるものであっても、現代社会においてはその復活や発展がすでに国家、文化と結ばれているとする。また、民間信仰も民族や地域の文化的アイデンティティ、または文化的多様性を表わすための役割を果たすものであるとしている。

満族は昔から自民族の原始宗教であるシャーマニズムを信奉している。そのために、シャーマニズムに関する研究は満族研究の一つのキーワードとして焦点を当てられる。たとえば、富育光の『薩満論』、また孟慧英の『中国北方民族薩滿教』などの著書ではシャーマニズムをめぐって系統的な研究がおこなわれている。

一方、原始宗教以外には祖先崇拝、動物神信仰および自然神信仰などの民間信仰が満族の日常生活と密接な関連を持ち、北方において広く普及している。川野明正の「東アジアの『運搬霊』信仰」においては、「霊物信仰」として北方の「胡仙」[7]の例を列挙している。また、瀧澤俊亮は『満洲の街村信仰』の中で、満族民間に現れている諸神と胡仙などについて紹介し、満族の民間信仰を全般的にわたって概観している。

また、劉正愛の研究は歴史・文化・民間信仰・観光開発などの多様な側面から、満族の歴史認識とアイデンティティについて分析している。劉の著書『民族生成の歴史人類学——満洲・旗人・満族』

は東北の新賓満族自治県と東南の福建省の二つの例を挙げて、異なる歴史的、社会的背景を体験した満族のアイデンティティは決して同じものではないことを指摘している。また満族の検討を通じて中国における「民族」の生成のメカニズムを描き出し、「民族」は国家によって人為的に作られた「虚構」という側面が強調されがちだが、「民族」の生成は政策は呼応する形での民族側の自発的な行動も不可欠であることを示した。民間信仰についてもその実態についてよく調査しており、八〇年代以降、民間信仰は「伝統文化」として再認識され、日常生活において迷信活動と見なされていた天命・風水説が非日常的な空間で観光資源として正当化されるようになったと述べている。そして、東北地域の独特な歴史や文化の下、個人と祖先、地仙と個人の関係のほか、地仙と家族の関係が非常に重要であることを明らかにしている。(8)

そして、氏族組織に関する研究について、M・フリードマンは中国社会における、村落、氏族、社会という三者の関係を系統的に論じ、「中国における自律的な出自集団が、いかにして複合社会の中に適合していたかという問題を、地域集団の観点から社会を捉えることによって再考する」［フリードマン 一九八七：六］と述べている。また、時代の流れに従い、変化を迎えた氏族組織について、フリードマンは「人民公社の初期においては、リニージは中国本土で永久に消滅してしまったと考えられがちである。その物質的・宗教的な道具立てが解体されてしまった以上、そこに何が残り得ようか。ひとたびそれが巨大な人民公社の下に従属させられてしまった以上、どうしてそれが政治的な単位として生き延びられよう。しかしながら、中国社会の基底をなす構造の一部は、今日再び顕在化を許されたのである」と指摘している。

また、聶莉莉は東北地域の遼寧省における漢民族の一村落を対象にし、村の氏族組織を研究する。特に「分房」、「共祖」、「内外」および「遠近」など氏族組織の実態を提示した上で、時代の変遷につれ氏族組織の変容を分析する。その著作『劉堡――中国東北地方の宗族とその変容』（一九九二年）で分析したように、土地改革以降には、漢民族の社会においても、氏族間の付き合いが禁止され、社会階層の構造と氏族の構造との関連が希薄化されるようになった。大家族はすべて解体され、核家族が基本的な家族構造となり、親子関係も変わった。

満族の場合は一つの少数民族として位置されているが、社会的改革の面において、漢族社会と同様な社会的改革政策に染まってきた。氏族組織には、ほぼ同じような社会的変化が起こった。満族は一九五〇年代から長い間、土地改革、文化大革命、改革開放など一連の歴史的変遷を経て、氏族組織には激しい変化が起こった。新しい社会環境において、政治的、経済的な面から影響を受け入れ、氏族関係は次第に疎遠になりつつ、昔のような大規模な祭祀はほとんどおこなわれなくなった。

このような中国社会における村落、漢民族の氏族組織に対する研究は、中華人民共和国が成立して以降の社会的変遷に伴い、調査地の氏族組織が如何なる変化を経て、今日のすがたに辿り着いたのか、また、祖先祭祀の新しい機能、氏族組織の新しい動きについて検討する際に、広い視角を提供している。

以上の先行研究はどれも高度で学術的なものとして高い評価を有すると言うことができよう。しかし、一方で、現代における満族社会に関する研究は、いまだ十分に蓄積されてきていない。

中国では、少数民族に主眼を置いた人類学的研究はまだ極めて少ないのが実情と言える。近年、国内外の文化人類学者による満族研究もわずかながら展開されているようである。そのなかでも上述した小熊や劉の、祖先祭祀や自然崇拝などの民間信仰に焦点を当て、社会組織やアイデンティティなどの側面から満族を解釈する研究はその成果を挙げている。ただ、満族自治地域における満族の村を単位にし、満族社会の全体を視野に入れ、時代の脈絡に従ってその政治経済、信仰、氏族組織、民族関係などあらゆる方面を調査して体系的に分析したような研究はまだなされていないと言える。

本書では、以上のような問題意識に立ち、新賓満族自治県の満族に焦点を当て、中華人民共和国成立以降の社会的変遷に伴う満族社会の実態を考察するとともに、その特徴と変容を把握しようとするものである。

三　研究対象と方法

本書は、文献・資料調査、フィールドワーク及びその後の補充調査によりなるものである。フィールドワークは、第一回（二〇一四年九月三日から九月一七日までの二週間）から、第二回（二〇一四年一一月五日から一二月二〇日までの約六週間）、第三回（二〇一五年四月一日から四月五日までの実質三日間）、および第四回（二〇一五年五月一三日から六月一七日までの約一ヵ月間）にわたって中国新賓満族自治県の村落を中心におこなった。

第一回目の調査は予備調査として、文献資料の収集（新賓満族自治県資料館、文化館、永陵鎮政府資料室）のほか、調査地をS村に決定し、村の書記、婦人主任、および満族の三家に対して、インタビューをおこなった。

第二回目の調査以降本格的なフィールド調査をおこない、調査村の自然概況・社会環境などの基本的概況を観察し、インフォーマントと信頼関係を作った。この調査中、主にZ家とT家を対象にして満族の信仰、氏族組織を中心に詳細な聞き取り調査を実施することができた。

第三回目には清明節におこなわれるT家の大規模な祖先祭祀に対する専門的調査をおこなった。

第四回の調査は、S村における春の農作業、満族の結婚式を観察し、さらに、村人の日常生活、特に生活慣習、民族関係・朝鮮族のキリスト教信仰などの側面を調べた。

これらの調査によって、本書に依拠する関連データ、地図、写真、そして具体的な事例の貴重な資料が入手できた。文献・資料については、文化人類学の理論書、新賓満族自治県の地方資料、また中国少数民族に関する各分野の日本語と中国語による文献・資料を参照した。特に調査地と満族に関するテーマにおいては、撫順市社会科学院、新賓満族自治県資料館、文化館、永陵鎮政府資料室および金沢大学の図書館を利用した。

本書における調査対象としては、①満族である者、②調査地に長く暮らしている者、③過去、満族の伝統的な大家族であった者という三つの要素を主な条件にした。ただし、調査対象の信仰の内容についてはとくに条件を設定していない。また、インフォーマントに対するインタビューは筆者の責任において日本語に翻訳した。

四　本書の構成

本書は以下のように構成される。

序論では、研究の視座と目的を述べ、先行研究、研究方法、論文構成を紹介する。研究の背景と目的を踏まえ、満族、特に満族社会の政治経済、信仰、氏族組織、民族関係に関する研究を参照しながら、本書の問題意識を示す。

第一章と第二章では、それ以下の各章で検討する事象の背景となる状況を概説して呈示することを目的としている。まず第一章は、満族に関する一般的紹介である。特に、満族の基本的概況を把握する上で必要と思われる歴史的形成と社会変動などについて述べる。中華人民共和国成立以降、少数民族政策が新しく打ち出されたが、中国の五五の少数民族の一つとしての満族社会の実態について詳述する。この章で、満族のイメージを全体的に概略する。

続く第二章は、調査地である新賓満族自治県永陵鎮S村の概況である。すなわち、当地の自然環境、歴史的変遷、社会環境などの側面から調査地を把握する。とりわけ、新賓地域は清王朝の揺籃の地として、歴史的に重要な地域であるという側面に注目する。また、S村の人口、構成、生業、行政などの実態を呈示する。独特な自然的・歴史的環境は、文化、宗教、慣習などの面において地域的な特徴を醸し出す。これは、後半の各章で取り上げる当地の信仰、氏族組織及び民族関係の形成と発展に深く関わるものである。

第三章以下は本書の中心であるが、フィールドワークでの調査をもとに満族社会の実態と変化の様子を検討する。第三章では、社会環境、経済状況から今日の満族社会にアプローチし、S村の政治変遷、行政組織、経済発展と改革、農業と出稼ぎなどを中心に考察する。満族の村落であるS村も当然、中華人民共和国成立以来絶えず打ち出されてくる土地改革、社会主義現代化、改革開放、「中国の特色ある社会主義」などの政策に巻き込まれ、時代的な変化に応じて変貌している。その変遷及び問題をめぐって詳細に分析する。

第四章はS村における満族の宗教と民間信仰のありようを浮き彫りにすることに注力する。S村に暮らすZ家を対象にし、彼らが日常生活中に実際におこなうさまざまな祭祀儀礼にしたがって、今日の信仰活動に関する実践状況を詳細に記録する。同時に、中心人物の過去の宗教と民間信仰についての回想、及び各信仰に対するそれぞれの思いなどについてもできるだけ客観的な再現を行った。調査の事例を踏まえ、満族の宗教と民間信仰の実態について把握し、さらにその特徴と変遷に焦点を当てながら筆者なりに考察する。

4　本書の構成

第五章では、S村における満族の氏族組織に関する歴史的背景、変化のプロセスを概観する。氏族組織は満族社会を構成する最も重要な要素の一つである。一九五〇年代の土地改革をはじめ、満族の伝統的な氏族組織は政治的・経済的環境の変化に伴い顕著な変化が起こった。現在、氏族成員は生活上の相互依存がかなり薄くなり、対外面にも政治的・経済的機能をほぼ失ってしまった。一方、長く続けている祖先神に対する信仰、及び保家神の存在は氏族成員の帰属感を呼び起こし、墓参りや祭祀活動などを媒介にして氏族組織の完全な崩壊を防いでいる。本章は伝統的な民間信仰、祖先祭祀の復活は満族社会にどのような役割を果たしているのかを明白にする。

第六章では、S村で共同生活している満族、漢族および朝鮮族の付き合いを把握し、民族関係の側面から満族を分析することを試みる。満族、漢族、朝鮮族はそれぞれ自らの言語、生活慣習、信仰、儀礼を持っている。そのため、日常生活における三者の付き合いには各民族の独自性が表われるが、三者の共通点も見られる。ここでは、行政、信仰、生活慣習をめぐって、満族の民族関係における実態と問題点を明らかにし、それを通じて得られる満族のありようや性格を描き出す。

終章においては、以上の各章から展開された記述と分析に基づき、本書の総括的な結論を導き出す。

注

（1）原文は英語で書かれていて、もともとの書名は *Religion in Chinese Society* である。範麗珠が中国語に訳したものを参照した。

（2）「在中国人現実的宗教生活中、宗教是建立在対神明、霊魂信仰和源于這種信仰的儀式行為、組織的基礎上。（中略）看来、忽略了超自然因素、没有任何一個宗教的概念能夠準確的反映中国民衆宗教生活的客観内容」楊慶堃［二〇〇七：二〇］。

（3）「中国廣袤的土地上、幾乎毎個角落都有寺院、祠堂、神壇和拝神的地方。寺院、神壇散落于各処、比比皆是、表明宗教在中国社会強大的、無所不在的影響力、蛇們是一個社会現実的象征」［楊慶堃　二〇〇七：二四］。

（4）「擁有神学理論、崇拝対象及信仰者、于是能十分緊密的滲透進一種或多種世俗制度中、従而成為世俗制度的観念、儀式和結構的一部分」［楊慶堃　二〇〇七：三二］。

（5）廟会とは寺や廟での祭祀のことである。

（6）「21世紀初人們越来越清楚的認識到民間宗教是一個持続的現象、大量的研究証実了這些中国伝統特別是民間的信仰伝統、在世界範囲内是人類整体精神感悟的一部分」『宗教社会学――宗教と中国』［範麗珠　二〇一〇：三六］。

（7）「胡仙」とは狐の神のこと。

（8）地仙とは、民間信仰において神通力を得た神または仙人のこと。

第一章　満族について

一　歴史的起源

満族には、「長白仙女」という起源神話が広く伝えられている。

長白山の東北に位置する布庫里山に布勒里という湖がある。ある日、三人の仙女が天から布勒里湖に降りて入浴した。そのとき、口に朱果を銜《くわ》えたカササギが三番目の仙女、仏庫倫のところに舞い降り、朱果をその手において飛び去った。仏庫倫はその美味しそうな朱果を食べて妊娠し、男児を産んだ。天に戻る時、仏庫倫は息子に「あなたは天下を治める人になる」と言った。彼は川に沿って鄂多理城に辿りつき、紛争をうまく解決した。乱世を治める人物と目された彼は、鄂多理城の首領に推薦された。彼は鄂多理城の娘と結婚、子孫繁栄し、満族の祖先になった［烏丙安　一九八三：六二］。

この満洲起源神話において、この男児は仙女の子であり、天下を統治する人であると設定されている。人々は彼のことを支持し、その命令に当然のように服従する。起源神話は天命説を伝え、統治者の権利の合理性を説いたため、清王朝は天下統一の際に、この起源神話を採用し、これが愛新覚羅氏族の起源神話になったのである。

一方で、この起源神話とは異なり、満族の歴史(1)は現在から約七〇〇〇年前の粛慎人の時代に遡ることができる。満族の祖先は独立的な民族を形成するまで、主に先秦時代の粛慎人、漢時代の挹婁人、魏晋時代の勿吉人、隋唐時代の靺鞨人、遼・宋・元・明時代の女真人という歴史的系譜をたどってきた。

先秦時代、中国の東北地域において、粛慎、穢貊及び東胡という三つの部族がいた。その中で、粛慎人はツングース系民族に属し、長白山以北の黒竜江、ウスリー川、松花江流域に暮らしていた。漢から三国時代には、粛慎人は挹婁人と呼ばれるようになった。挹婁人の生活地域はほぼ以前と同じであるが、一部の挹婁人が南に移動して、今日の吉林省と遼寧省に辿りついた。

魏晋時代に、挹婁人の子孫は勿吉に改名された。勿吉という言葉は「窩集」の発音に近く、森林の意味を持っている。隋唐時代になると、満族の先祖はまた靺鞨人と呼ばれ、さらに吉林省を中心に居住する粟末靺鞨と黒竜江、松花江を中心に居住する黒水靺鞨という二つの部分に分けられるようになった。勿吉と靺鞨の頃に、彼らは中央王朝との連絡が次第に緊密になり、政治面の交流をもおこなってきた。その後、黒水靺鞨は、女真へと発展を遂げ、これが満族の直系の祖先であると言える。黒水靺鞨は五代の頃より女真と称し、遼寧省の開原に境界線を引き、さらに、漢化された程度によって熟女真[2]と生女真に区分されていた。

一二世紀初期、生女真における完顔部が強大な勢力を持ち、女真の各部落を整え金を建国し、南宋と対立した。金の時代には、大半の女真人は中原に進出し、漢民族を中心とする他の民族に融合して、すでに「漢民族」と見なされた。これに対して、明王朝が成立した後、東北地域に残る女真人の内部は建州女真、海西女真、野人女真の三つのグループに大きく分かれた。一四一〇年頃、斡朶里部落の首領、猛哥帖木耳は部落を率いて牡丹江流域から寧古塔地域に移住してきた。この部分の女真人は建州女真と呼ばれる。一五八三年、建州女真の首領、愛新覚羅・ヌルハチによって、海西女真、野人女真を征服し、東北地域に分散していた女真の各部落を統合した。一六一六年、清の太祖であるヌルハチはヘトアラ城で汗王になって後金王朝を立てた。

その後、ヌルハチの跡継ぎであるホンタイジは全国統一を図り、引きつづいて国家機関の整備に取り組んだ。一六三五年、ホンタイジは民族の呼称を女真から満洲《マンジュ》に改定し、女真全体の総称として用いるようになった。ホンタイジは東北地域に居住する女真、モンゴル、フルハ及び索倫などの諸民族を相次いで満洲人に吸収して、皇帝と称し、国号を大清と改めた。これで、満族の原形が作り上げられることになった。

大清の勢力はその後さらに伸張してきた。一六四四年、順治帝は万里の長城を超え、北京に遷都して中国全地を支配し始めた。二六八年もの間、清王朝は一二代の皇帝を戴き、中国全土において中央集権統治を実施した。中国の最後の封建君主制政権として、中国の統一、国土の開拓、経済と文化の発展に大きく寄与し、中国の歴史に深い影響を与えた。

その後、一九世紀から二〇世紀初めにかけて、清王朝は中国ナショナリズム運動に巻き込まれ、崩壊が迫ってきた。一九一一年、辛亥革命が起こるとともに中華民国が樹立され、宣統帝溥儀は退位させられ、清王朝の統治に終止符が打たれた。以後、中国は王朝政権から国民国家に移行し、満族は、一民族として位置づけられるようになった。

二　文化慣習

満族の前身であった女真は、自然に恵まれた長白山地域において部族単位での狩猟を主な生業とする民族であった。中原地域に暮らす漢族と異なり、長い間、彼らは「引弓民族」といわれる獣を追ったり魚を捕ったりする原始的な生活を営んでいた。

部落の移動に伴い、女真人の文化的発展は進んでいった。女真人は狩猟のかたわら簡単な遊牧や牧畜、農耕をおこなっていた。また、近接するモンゴルと交易をおこない、婚姻関係を結ぶなど関係を作り上げた。三国の時代から中原の漢族と接触し始め、生業は農業耕作に転換していった。明王朝時代に中原地域に入った満族は徐々に民族の特徴を失っていったが、黒竜江流域に残った野人女真は漁業、狩猟を生業とし、南に移動した建州女真と海西女真は農業や牧畜などを生業形態としていた。清王朝成立以降、満族は積極的に中央地域の文化を吸収していった。

満族は満語というツングース語族に属する独自の言語を持っている。満族の漢字は満語の民族名Manju《マンジュ》から音訳したものである。一方で満族は長い間文字を作らなかった。一五九九年に、対外交流の必要に応じて、清の初代皇帝ヌルハチは額爾徳尼に命じて満族の文字（満州文字）を作り出した。満州文字はモンゴル文字の字音を借りて形成されたものである。この無圏点の文字は東北地域から生み出され、約三〇年間、建州地域で通用し、後金政権の確立及び満族の形成に対して多大な影響があった［郝　二〇〇八：一二］。

一六三二年、後金王朝が成立した後、達海は清太宗であるホンタイジの命令によって、既存の文字を規範とし、圏点を適切に付けたことで、満族の文字を「新満文」(3)に改良した。「新満文」は後金王朝に採用されていった。清王朝中期に至るまで、「新満文」が上奏、布告、授業及び日常生活に使用された［李　二〇〇三：五三一—五三三］。そして、満族の統治の下に、現在のシベ族、達斡爾《ダフール》族などの民族も満族の文字を使っていった。

清王朝中期になると、満族の文字と言語は東北地域の満族に依然として使われていたが、他の地域において次第に漢族の文字と言語に取って代わられるようになった。そして、一八五〇年代、北方の国境を守るため、大量の漢族人とモンゴル人を東北地域に移住させ、東北の土地を広く開墾する一方、漢族の文化は東北地域にも受け入れられてきた。その結果、満族の文字と言語は徐々に日常生活から消えてしまった。

満族は自らの文字に止まらず、騎射をも提唱していた。騎射は狩猟の際に動物などの食材を捕獲したり、鳥獣の攻撃を防衛したりする際に不可欠な能力であり、また、戦争中に運用され、作戦の技術でもある。そのため、騎射は満族社会において重要な役割を果たした。さらに、後金王朝の時から、ヌルハチは騎射を国のおおもとと評価していた。

満族は狩猟を生業とし、騎射に秀でた民族であった。この民族的特徴は満族の衣食住に影響を与え、生活のあらゆる方面にその影響が見られる。例えば、満族独特の民族衣装は衣介と呼ばれ、また旗袍とも称する。衣介は男女とも着け、馬に乗りやすいように工夫されたものである。衣介は騎射に便利で保温などの長所を持っている一方、身体のスタイルを美しく表わす効果もある。そのため、ヌルハチは衣介を満族の公式装束として定めた。

その後、この衣装は漢族にも受け入れられて全国の女性に愛用され、チャイナドレスに普遍化され、現在に至っている。民族衣装以外、満族の伝統的な食べ物、芸術、軍事制度、信仰なども東北地域の自然環境、満族の民族的性格に相応しく形成されていった。

歴史の変遷を経て、満族の内部には大きな変化が起こった。それは、多くの漢人、または全国を支配するという目的のために、漢族の制度、文化をしだいに採用していかなければならなかったからである。女真人は狩猟を主な生業とする民族であったが、しだいに中国全体に分布して居住するようになり、生産形態は狩猟から農耕を中心とするように変化した。とくに北京遷都以降、都市生活に馴れるにしたがい、漢化の度合いはさらに進んでいった。かつて騎射に秀でた満族は、官服を身につけて、軍事以外に制度、文化をも営むようになった。そこで、満族の力は確かに強くなっていったが、この過程において、満族は独自の民族文化の維持・発展に努めていたものの、同時に漢族との差を徐々に見失うことになってしまった。

清王朝以降になると、満族の人々は漢人と入り混り、たがいに頻繁に接触しはじめた。その結果として、着実に満族の総合的な発展が推進された。他方で、満族の従来の言語、慣習、文化などは自然の趨勢として弱められつつ、外観において漢族とほぼ同じようになった。しかし、三〇〇年間以上もの共同生活がもたらす影響は必ずしも一方的なものではない。漢族の日常生活において、満族の言葉や芸術、飲食習慣などが通用することも見られた。満漢文化の融合を背景に、今日の満族は他民族の文化を習得することと、独自性を維持するという二面性の特徴を保ちながら、新しく生まれ変わろうとしている。

三　信仰

満族の伝統的な信仰は主に超自然力を中心に展開する。満族の前身であった女真人はかつて多くの神を祀るシャーマニズムを信奉していた。シャーマニズムは原始宗教に属し、満族の特徴を示す信仰である。シャーマンは氏族組織のために、一族の安全や健康および財産などを守るのに役立つ。一方、満族は多神信仰を持っている。すなわち、祖先、人物、動物神など複数の神を信じる。後金、清王朝の時代になると、満族は信仰の中に仏教、土地神(4)、関帝信仰(5)を取り入れ、さらに儒学や道教を修め、外来の諸神を柔軟に受け入れた。

満族はシャーマニズムを信奉する民族である。シャーマニズムはツングース語で「気が触れた人」の意味であり、漢字で薩満と書かれて巫術と訳される。そのシャーマニズムは満族の先祖が解釈できない自然現象を日常生活と結びつけ、自然に対する認識から尊敬、祈願などの感情を生み、万物有霊の観念に基づく多神崇拝の原始的な信仰を形成してきた。シャーマニズムでは世界は上・中・下の三界に分かれ、上は天であり神々の場所、中は地であり人類の場所、下は地獄であり悪魔の場所と決められている［新賓満族自治県概況編写組　二〇〇九：二二］。信仰される対象としては自然崇拝、トーテム崇拝、祖先崇拝、英雄崇拝を含み、天神、地神、動物神、仏托など複数の神が信奉されている。

ただ、シャーマニズムはかなり複雑な過程をたどって変遷し、時代の変化にしたがって異なる形を示している。満族にとってのシャーマニズムは原始的なトーテム表現、女真文化の伝承を含め、上の朝廷から下の庶民へと伝播する伝統でもある。そのため、シャーマニズムの祭祀は地位（宮廷と民間）、経済力（富裕層と貧困層）、氏族によって異なる。

シャーマニズムに関する祭祀はシャーマンによって執りおこなわれる。シャーマンは神と人の間の連絡をとる主役である。シャーマンは自らをトランス状態に導き、神や死者の霊魂などと直接交渉し、人の願いを伝え、神力を借りての占いや治病などの能力があるといわれる。シャーマンになる者は男女を問わず、祭祀以外には一般の人と同じようにふるまい、結婚もできる。祭祀では、シャーマンは法衣を着て神刃、神鼓、腰鈴などの法器を使い、踊りながら口の中でぶつぶつ呪《まじな》いを唱える。シャーマンの死後、その法衣や法器は陪葬される。次のシャーマンは選抜・養成され、シャーマンの知識を学んでからその役につく。

清王朝の宮廷においては、皇室の祭祀を管理するシャーマンを設置していた。当時、シャーマニズムにおける神と信者の関係はまさに当時の皇帝貴族と一般庶民の関係を反映したもので、これは統治者の需要に適合したものであった。ヌルハチはシャーマニズムのこの点を積極的に利用し、宮廷の中に堂子を設立して竿を立て天神を祀り、戦争や国事があるたびに必ずそこで祭祀を行った。その頃から、清王朝宮廷でおこなわれた祭天儀礼はシャーマニズムの一つの重要な祭祀となった。すなわち、祭天儀礼は皇帝が祭祀の執行者であり、清王朝の公的な祭祀であった。庶民はもとより皇室以外の官僚が祭祀に参加することは許されず、民間に堂子を建てることもできなかった。

一方、民間におけるシャーマニズムは宮廷の祭祀と区別されている。各氏族には自らのシャーマンがいて、氏族によって祭祀の内容と祀る神が異なり、主に天・地・山・虎・蛇・狐などがよく信奉されていた。シャーマンには家シャーマンと野シャーマンの二種類がある。家シャーマンは神に付き添う者のことである。彼らは祭祀のやり方を理解し、決まりを守り抜き、一族の祭祀を執りおこなう。同時に、シャーマンの伝承および養成などの仕事もする。野シャーマンの場合は、大神の役割を演じ、また跳神シャーマン、抓神シャーマンとも言われる。野シャーマンは神がかりの状態になり、村落や個人のために、鬼払い、看病、占いなどをおこない、生活問題を解決する。実際の祭祀中には二大神と呼ばれる助手がおり、二大神は野シャーマンの言葉を通訳して、野シャーマンの代わりに皆の質問に答える。

満族固有の信仰は、起源が古く、民族の各面に浸透して影響をもたらしたシャーマニズムである。シャーマニズムは中華民国の時代まで盛んにおこなわれていた。中華人民共和国の成立以来、医療や現代科学の進歩に伴って、シャーマニズムはかつての権威と機能を失い、日常生活において滅びてしまった。

長い歴史的経過の間に満族の精神世界を支配してきたこの原始宗教は、仏・道・儒教などを受容した。特に、仏教は満族に顕著な影響を与えた。清王朝時代に、皇室貴族から民間に至るまで、仏教の信者が多かった。原始宗教シャーマニズムにも仏教の神を祀るなど仏教の形跡が見られる。

四　政治制度

上述した満族文字の創出は満族文化の発展と政治の統一に礎を築いたと言える。これに対して、軍事・生産の側面において、八旗制度(6)の実施は民族の形成、清王朝の統治を確実なものにした。清王朝の時代にも、文化・経済の発展、民族管理及び国境防衛などに多様な政策を作り上げた。

まず、女真の各部族を統一する過程において、建州女真の勢力が拡大し、人口も増えてきた。当時、社会発展に応じて、ヌルハチは牛彔《ニル》という伝統的な狩猟組織を改革し、軍事組織のモデルとしての八旗制度を制定した。八旗制度とは軍事、行政、生産という三つの面の職能を一体化した独特な社会組織であり、満族の国体として認識されるものである。

牛彔は、女真の各氏族に依存する生産と軍事の社会組織である。牛彔は一〇人を一つの単位にし、牛彔額真(7)を置いて牛彔を管理させる。ヌルハチは三〇〇人を一つの牛彔にして牛彔額真（佐領）を置き、五つの牛彔を一つの甲喇としてそれを統轄する甲喇額真（参領）によって管理させ、五つの甲喇を一つの固山、あるいは旗として、固山額真（統領、旗主）を置いた。一六〇一年、白、黄、紅、藍という四つの旗を成立した。一六一五年、さらに、鑲白、鑲黄、鑲紅、鑲藍の四つの旗を増設し、八旗制度を形成するようになった。当時、八旗制度は三〇八の満洲牛彔、七六の蒙古牛彔、一六の漢軍牛彔で編成され、併せて四〇〇の牛彔を含んでいた。

その組織は、蒙古人、漢人および朝鮮人など多様な要素を取り込んでおり、八旗満洲、八旗蒙古および八旗漢軍などに分けられる。一六三五年、ホンタイジは八旗を管理するため、八旗制度の軍事機能を強化した。同時に、勢力を伸ばすため、八旗の下に編入されたモンゴル人及び戦争で新しく捕虜とした大量のモンゴル人を統合し、正式に八旗蒙古を設立した。一六四二年まで、次いで八旗漢軍を編成し、これで八旗制度が完全に組織されるようになった。蒙古八旗と漢軍八旗の成立は満洲八旗より遅いが、制度の実施は同様であった。つまり、八旗組織は八旗満洲、八旗蒙古、八旗漢軍という三つの部分に分けられ、それぞれ八旗を含み、二四旗からその全体を構成した。

八旗制度は主に戦争に対応するために、作り出された政策であるが、清王朝は中国全土を統一した後、一層この制度を強化して政治、経済、文化などあらゆる側面で国の安定を求めようとしていた。一六五〇年、順治帝は、八旗を整備し、上三旗と下五旗に区分することにした。上三旗とは、鑲黄、正黄、正白という三旗である。上三旗は宮廷を守り、直接皇帝によって掌握される。これに対して、正紅、鑲紅、正藍、鑲藍、鑲白という五つの旗は下五旗であり、諸親王、貴族によって管理し、都及び全国各地へ駐屯していった。

八旗制度に編入されたすべての人は民族出身を問わず、旗人と呼ばれる。これに対して、旗人以外の人は民人と呼ばれる。旗人は戦時になると出征し、平時には農業を営む。彼らは違う民族、違う部族の人から構成されたが、八旗制度の下に、共同生活を営み、旗人の間に通婚をおこない、言語や風俗も同様化するようになり、次第に独立的な社会組織を形成して民人と区別するようになっていった。旗人は土地や生活の補助金などを分配され、経済的な支援が貰えた。また、政治、教育、法律などの面においても優先的な地位に位置づけられていた。

八旗制度は、統治者や貴族によって管轄され、後金王朝の時代に創設され始めて、清王朝を一貫し、二〇世紀初めまで存続した。この組織の下で、旗人は八旗制度に依存して、帰属感を形成していた。清王朝の封建統治の発展に従い、旗人の生計などの問題を生じたが、清王朝の統治の面から見れば、八旗制度は国の結束力を高める機能を果たして、有効な政策であったと言える。

一方、当初から、満族が中国を統一し、数多くの他民族を支配するという構図になっていた。清王朝成立以降、彼らは広大な中国全土を管理するために、他の民族、特に圧倒的多数の漢民族に対して、さまざまな政策を実施した。清王朝は、主に漢民族を中心にする他民族の服従と協力を求め、「恩威併施」[8]の方針に基づき、威圧と懐柔という二つの政策を併用した。

威圧政策は主に封禁、禁止通婚、辮髪、文字獄[9]、禁書[10]を中心におこなわれた。まず、民族政策には、清王朝の統治者は満族の故地である満洲地域を民族の故郷として保護し、封禁の手段によって漢民族の移住が制限されていた。また、満族の純粋性を保つため、満族と漢民族の結婚が禁止された。日常生活では、満族の風俗慣習を全国に普遍させ、辮髪や民族衣装などを漢民族に強制した。そして、統治者は文字獄、禁書などの文化政策を執り行った。特に、康熙帝と乾隆帝の時代に、文字獄、禁書政策が厳しく執行され、従わない者を厳しく処罰することで人々の思想を束縛していた。

以上のような威圧政策を通じて、満族の強気を示した一方で、比較的に柔軟な政策も見られた。例えば、漢族官僚の任命、科挙制度(11)の実施、文化事業の促進などの政策が挙げられる。つまり、清王朝の統治者は武力で中国を征服してから、対内対外、懐柔威圧の政策を会わせて運用し、長期にわたる政権が実現された。

五　概況

辛亥革命により清王朝が打倒され、旗人は優越な社会の地位を失い、清王朝の統治階級と見なされ、中国から排除されようとする位置におかれた。また、辛亥革命以降の四〇年の間、外からの侵略に抵抗するため、漢、満、蒙、回、蔵を含む「五族共和」が唱えられ、中華民族という新たな「民族の枠組」を形成した。この時期は同化政策に基づき、少数民族の自決を認めはじめた。しかし、国家統一と民族自決が対立したことから、中華民国政府は少数民族に対し、徹底的な漢化主義政策を進めていった。

このような中で旗人は、社会環境の変化によって意識的に身分を隠し、漢民族を名乗ろうとした。そのため、満族は日常生活の中から姿を消して、その人口も清王朝末期の四、五百万人から五〇万人に減少した。

中華人民共和国成立後、多民族国家観に基づく平等な民族政策が打ち出されるようになった。共通の地域、言語、文化、民族感情、歴史などの要素から民族定義を示し、国家の主導によって民族識別作業がおこなわれ、少数民族を中国の内部で一定の権利を有する民族として公認した。その結果、一九五〇年、かつての旗人の後裔にあたる人々は少数民族「満族」として正式に認定された。「民族自治地方」は一九四九年以降、徐々に形成された。文革の中断を経て八〇年代に復活、満族以外は一九八〇年代以降、少数民族は地域ごとに自治をおこない、民族の利益を代表する機関をそれぞれ設けることになった。一九八四年五月三一日に公布された「中華人民共和国民族区域自治法」に基づき、全国に一四〇以上の満族自治政府（自治郷、自治県を含む）が設立された。その後、民族政策の変化は満族の政治地位や生活状況の改善に反映され、満族人口の増加を促していくこととなった。

駐屯のため全国各地に派遣された旗人は、清王朝の統治が終わると、軍事技術を民間に転用し、そのまま現地に定住することになった。かつて中国を支配した清王朝の旗人及び旗人の末裔は中国全土に散在する。そのため、現在、満族は全国的に分布するが、主に遼寧、吉林、黒龍江の三省に分布し、とくにその過半数は遼寧省に集中している。遼寧省に居住している満族は約五〇〇万人であり、全国の満族人口の半分以上を占め、八つの満族自治県と若干の満族の郷・鎮があり、満族が最も集中して活動する主要な地区である。残りの大部分は河北、内モンゴル、寧夏、甘粛、新疆、山東、福建などの省に分布し、一部は北京、天津、上海、西安、成都、広州などの大都市やその他中小都市にも分散している。

今日の満族は漢民族を中心とする他民族と共に生活し、密接に交流しながら、中華人民共和国の五五少数民族の一つという位置付けをされている。二〇一〇年の統計によると、満族は人口一〇四一万五八五人[12]で、中国全国人口の〇・七％以上を占め、人口から言うとチワン族、回族に次ぐ第三位の少数民族である。

満族は、信仰、慣習などの面において中国社会に同化され、独自性が失われつつあるように見える。特に、彼らは中国語を話し、漢字を書くようになった。満語は危機に瀕すると同時に、その喪失は民族文化の保存と復興に影響を与えた。近年、このような状況において、漢族と同化した満族の中に、強い民族意識を持つ満族も見られた。一部の満族は民族の伝統の喪失に直面し、満語を学んだり、祭祀儀礼を行ったりする人が増加している。

六　小括

満族は長い歴史を有し、独自の信仰、慣習を持つ民族である。その歴史を見渡せば、満族の発展に関して幾つかの重要な段階を示すことができる。粛慎から満族に至るまで、民族の形成は複雑な経緯を経て、民族名や生活地域がずっと変わり続けてきた。そして、毎回、族名の変化に伴い、民族内部における人口の流動及び再構成も起こった。清王朝成立に至るまで、ヌルハチは満族の直系祖先、女真を統一し、モンゴル族、漢族を受け入れ、民族共同体を形成して部落から国家への移行を完成した。

中国全土を征服する過程において、清王朝は八旗制度を組織し、満族を再編した。故に、満族は最初から単一民族ではなく、多民族から構成された共同体であることが分かる。

清王朝は一六三六年から一九一二年まで続いた中国最後の統一王朝である。その後、近現代以来、満族は封建統治者の過去を背負いながら、新しい社会環境の中で少数民族として生きている。

長い清王朝の支配が続くうちに、満族と他の民族は日常生活において接触が頻繁になり、互いに影響を与えた。彼らは独自の民族文化の維持に努めたが、徐々に本来の文化や慣習を忘れ、漢族のなかに溶け込んでいった。満族はその成長において、周りの勢力や文化を吸収し、自らを充実して生まれ変わることをくり返してきたのである。

このように満族は、中国の東北地域で発達した建州女真人から発展したものである。現在、全国各地域に散在しているが、東北地域は満族の拠点であり、また清王朝発祥の地であり、満族にとって特別な存在である。現在でも、ここでは多くの満族が集中的に居住している。次章は、中国の東北における本書の調査地、新賓満族自治県永陵鎮S村について紹介する。

注

（1）李燕光・他著『満族通史』［二〇〇三：一―三二］参照。

（2）熟女真はよく漢化された女真のことである。これに対して、生女真は東北地域の北に生活し、あまり漢化されてない女真の一部である。

（3）「新満文」に対して、旧来の圏点の無い文字は「旧満文」と呼ばれる。

（4）土地公公、土地爺、福徳正神なども呼ばれ、土地廟に祭られ、地方を守る神様。

(5) 関帝信仰とは、関羽の非凡な才能、人格を崇拝する古くからの信仰。
(6) 李燕光・他著『満族通史』［二〇〇一：四二〇―四六八］参照。
(7) 牛彔は矢、額真は主人の意味である。
(8) 恩威併施とは、恩恵と威圧が並び行われることである。
(9) 文字獄とは、清王朝の支配や旗人を反対する内容の文書を書いた人物を極刑にする政策である。
(10) 禁書とは、文字獄と同じように、清王朝の支配に批判する書物の刊行を禁止し、書物を焼き払った政策である。
(11) 科挙制度は中国隋王朝の時代からの官吏登用制度である。清王朝は、明王朝の科挙制度を引き継ぎ、優秀な漢民族の人材を登用した。
(12) 国務院人口普査辦公室編『中国二〇一〇年人口普査資料』、中国統計出版社、二〇一二年。

第二章　調査地の概要

本書の調査地は新賓満族自治県永陵鎮S村である。中国全土において満族人口がもっとも多く集まっている地域は遼寧省である。とくに、遼寧省の東部に位置する新賓満族自治県永陵鎮は満族の故郷として位置づけられている。満族はこの地から新たな民族共同体として歴史に登場した。清王朝の太祖であるヌルハチはこの永陵鎮に属するヘトアラで生まれ、ここで八旗制度を立ち上げ、清王朝の前身である後金政権を建ててヘトアラに都を定めると同時に満族の文字を作り上げた。

そして、永陵鎮に所属するS村は、満族が集中的に居住する地域であり、伝統的な満族の村落と言える。同時に、村には満族、漢族、朝鮮族が混住しており、中国東北地域の代表的な村の一つである。本章では調査地について、自然条件、歴史的変遷、社会環境などの面から紹介する。

一　新賓満族自治県

新賓満族自治県（図2―1）は遼寧省の東部にあり、撫順市に属する。新賓県の領域は、東経一二四度一五分から一二五度二七分まで、北緯四一度一四分から四一度五八分までに至る。全県の総面積は四二八七・三八平方キロメートルであり、長白山系岡竜山脈の延長部分に位置し、海抜は四九三メートルである［新賓満族自治県概況編写組　二〇〇九：一―二］。

新賓県は、東アジアの季節風気候に属する地理範囲に位置するが、現地の地形地勢の影響を受けて中温帯大陸気候に近く、寒冷湿潤な特徴を示す。春は降水が多く、昼夜の温度差が顕著になる。夏は暑くなり、最高の七月の平均気温は二一・三度である。これに対して、冬は寒くて時期が長い。一月の平均最低気温はマイナス一六・九度である。新賓県の日の出から日の入りまでの時間は夏至のそれが最も長く一三時間であり、冬至は一番短く、八時間しかない。県内では、農作物の成長期は四月〜九月に至る。その中で、無霜期は平均一二七日であり、平均降水量は七六九・九ミリメートルである。農業には霜害、暴風、雹などの低温冷害からの影響がある。

耕地面積は四一〇・四四平方キロメートルであり、総面積の九・五九％を占める。そのうち、水田一〇九・六三平方キロメートル、畑三〇〇・八一平方キロメートル、一人当たり〇・〇〇一三四平方キロメートル平均の耕地を有する。山地面積は二九四六・九二平方キロメートルであり、総面積の

1　新賓満族自治県

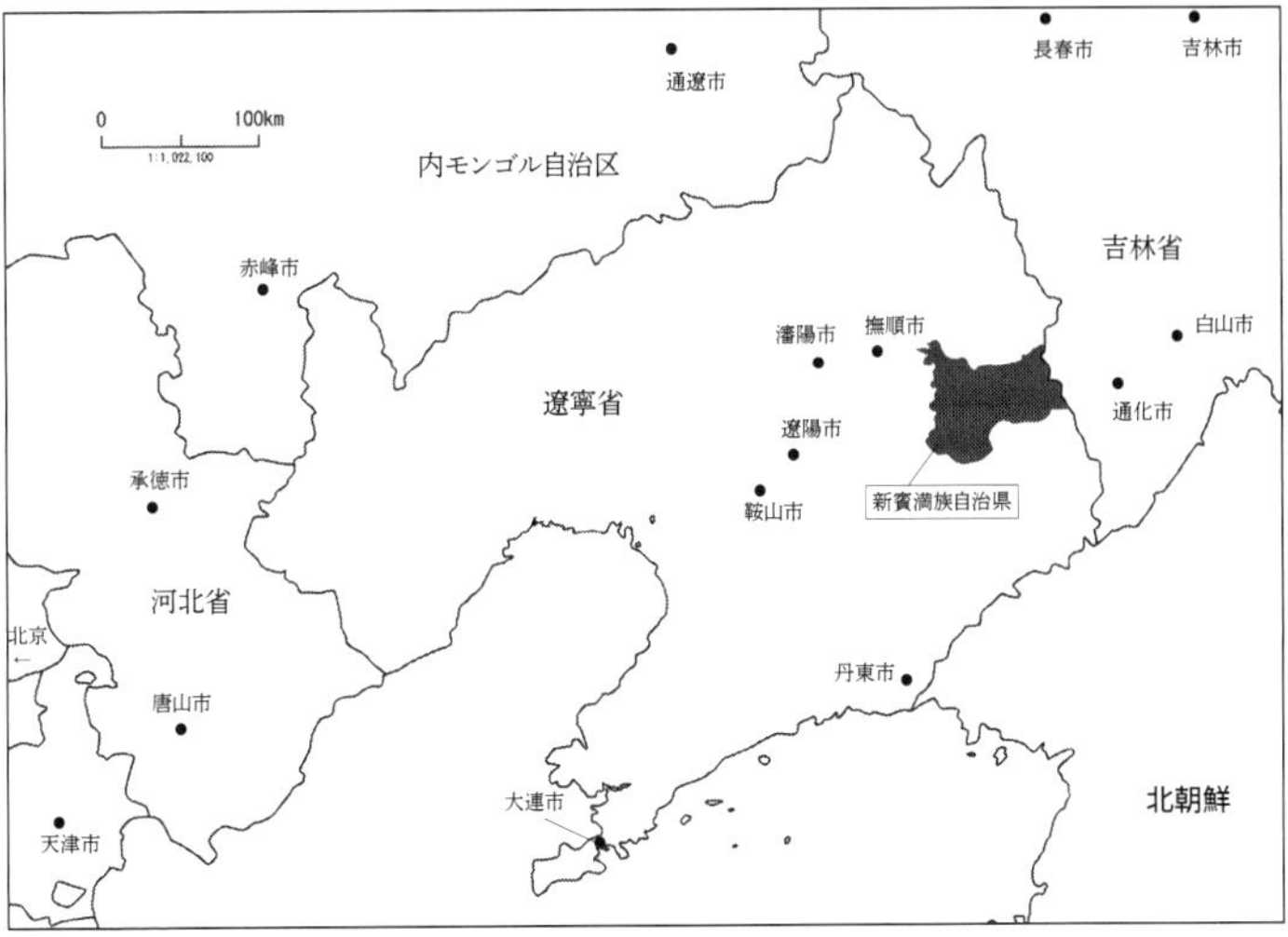

図 2-1　新賓満族自治県（遼寧省撫順市）

七二・九％を占め、森林が豊富である。そのため、チョウセンニンジン、漢方薬、林蛙（アカガエル）などの特産品が多い。また、石炭、鉄鉱石、石灰石をはじめ、金属・非金属鉱物資源がある［新賓満族自治県概況編写組　二〇〇九：三―四］。

一方、新賓満族自治県は長い歴史を持つ地域である。『新賓満族自治県概況』［新賓満族自治県概況編写組　二〇〇九：三三―四九］の記載によると、周時代に、満族の祖先である粛慎人は、東北地域における最初の住民の一つであると記録されている。また、紀元前八二年、前漢の時代にすでに新賓地域では北方を管轄する行政機関の玄菟郡が設立されている。

一六一六年、ヌルハチはヘトアラ城を都として汗王と称し、後金政権を立てた。さらに、一六二一年、ヌルハチの後継者、清太宗であるホンタイジが都城を盛京（現在の瀋陽）に移動した後も、新賓は昔の「龍興の重地」として様々な官僚機構や軍事組織が設けられた。一六三五年、国号を満洲に変えた後、ヘトアラは「興京」という尊称を与えられるようになった。

一九一三年、民国時期には興京府を廃止し、興京県を設けた。その後、永陵と八旗を管理する機関をすべて取り除き、新賓県政府に切り替えた。そして、新中国成立後、新賓県は遼東省に属したが、一九五四年に遼東省と遼西省が合併してから遼寧省の管轄下に置かれている。そして、中国は新たな民族政策を打ち出し、一九八四年に「民族区域自治法」が公布され、新賓県をはじめ一三の満族自治県が成立した。この政策によって、翌年、現地では新賓県満族第一回人民代表大会をおこない、全国初めての満族自治県人民政府が成立した。

満族自治県が成立した頃、国家は政治、経済などの面で優遇政策を規定した。主に税金の減免や予算経費の増加および商工業政策の開放などを中心にしたものである。経済面における政策上の優遇政策は一九九〇年代に入って改革開放の進行によって徐々になくなってきた。また、自治県を成立させるために、県政府は民族幹部の選抜と育成に力を注いだ。

その結果、県政府では少数民族の幹部が三六％を占め、とくに満族出身の幹部が二八％を占め、県長と書記などの重要職はすべて満族となった。また、郷、鎮[1]レベルの幹部は、満族がその半分以上を占めるようになった。このように、政府機関における満族出身者の割合の増加をとおして、満族は民族としての利益を固めつつあり、彼らの政治的地位も高くなってきたことが窺える。

新賓満族自治県は満族を中心とする多民族の地域である。現在、全県の総人口は三〇万六九四九人、その中で満族人口は二二万一五二六人であり、総人口の七二・二％を占めている。一九八五年、新賓県は全国最初の満族自治県に認定された。満族の他に、漢族は七万一四六五人で二三・三％を占め、朝鮮族は一万三三〇九人で四・三％を占める。また、蒙古族、回族、錫伯族、ダフール族などの少数民族四六九人が居住している。県内の満族以外の少数民族は少なく、主に中華人民共和国成立以降、仕事の関係でここに移住した人々である［郝　二〇〇八：一二―一八］。

二　永陵鎮

新賓満族自治県は一五郷鎮（表2―1）を管轄し、一八〇行政村を含んでいる。その中では、永陵鎮は新賓県の中部に位置する。永陵鎮は東経一二八度一八分、北緯四一度四三分にあり、四・〇三万人が在住し、満族が総人口の七五％を占めている。中華満族第一鎮と称されるが、行政上には、陵東、民主、紅旗という三つの社区居民委員会（都市にある居民の自治組織）、三二の村民委員会が含まれている。

永陵鎮の面積は五一五・八平方キロメートルである。そのうち、耕地面積は三八・七平方キロメートル、二三八七平方キロメートルを占めている。永陵鎮は北温帯季節性大陸気候に属し、降水量が豊富で、平均年降水量は七五〇～八五〇ミリメートル、無霜期間が約一五〇日である。農産物は主に稲、トウモロコシ及び大豆を中心に栽培され、黄煙（煙草）の産量も高い。

一六一六年にヌルハチが永陵の東南四キロメートルのヘトアラ城に後金政権を立て、ホンタイジはヘトアラ城を興京と命名し、興京陵を建てたのは先に述べたとおりである。一六五九年、興京陵を永

表 2-1　新賓満族自治県の行政区画

新賓鎮	永陵鎮	平頂山鎮	大四平鎮
旺清門鎮	木奇鎮	上夾河鎮	南雑木鎮
葦子峪鎮	響水河子郷	紅廟子郷	北四平郷
楡樹郷	下夾河郷	紅升郷	

（出所：永陵鎮政府の資料より筆者作成）

陵と尊称するようになり、その後相次いで永陵に駐屯役所、永陵総督などの機関を設立した。一九六四年、設鎮建制の際には、歴史に基づき、永陵の名にちなんで今日の永陵鎮を設置するに至った。現在まで永陵鎮には清王朝初期の歴史的遺跡が数多く残っている。なかでも、二〇〇四年に世界文化遺産に登録された清永陵と後金政権の都ヘトアラ城などは有名である。

　永陵は新賓県永陵鎮の西北、啓運山の南麓に位置する。清王朝の一二か所の皇帝陵園の中で、永陵は最初に建てられたもので清王朝関東第一陵とも呼ばれる。永陵は下馬碑、前宮院、方城、宝城、省牲所などから構成され、その面積は一万一八八〇平方メートルである。明代の万暦二六年（一五九八）、ヌルハチが祖先のために築造した陵墓である。旧称を興京陵といい、清の順治一六年（一六五九）に現名に改称され、この時より墓守を設置して兵を駐屯し始めた。永陵には、ヌルハチの六世祖、曾祖父、祖父、父および伯父など満族の祖先が葬られていて、清朝の関外三陵[2]の一つである［新賓満族自治県概況編写組　二〇〇九：二六］。また、永陵は「世代不同、君臣共陵」[3]という独特な形態で葬られていて、他の清代陵墓と区別される。すなわち、清王朝の皇室にとって、ヌルハチの直系の祖先を葬る永陵は、愛新覚羅氏祖先の陵墓であり、また、満族全体にとっても、永陵に永眠する民族の祖先は自らの祖先と見なされている。

　この永陵から約五キロメートル離れた新賓県永陵鎮の東の、蘇子河と二道河の合流点の左岸にヘトアラ城がある。ヘトアラ城は、明代の万暦三一年（一六〇三）にヌルハチによって築造された、後金王朝樹立後の最初の都城である。この発祥の地を守るため、後金時代の天聡七年（一六三三）に、ここに八旗駐兵が派遣され、翌年に興京と改称された清朝の関外三都城の一つである。ヘトアラ城は当時の政治中心であると同時に、城内には、十万人以上が居住し、経済、文化も繁栄していた。そのため、ここが清王朝第一都と言われる。

ヘトアラ城は、土をつき固めて城郭が築かれ、三面が山に取り囲まれ、一面が川に臨む天然の要害である。また、ヘトアラ城は内城と外城から構成されている。内城は周囲約二・五キロメートルの大きさで、政治・文化の中心地であると同時に、ヌルハチの家族と親戚が居住したところであった。外城の周囲は約四・五キロメートルあり、兵士が駐屯した処であった。城内には宮殿や楼閣などの遺跡が残っていて、これは現存しているもっとも完全な女真族の山城である。

ヘトアラ城は、日露戦争によって激しく破壊されてしまったが、一九六三年に満族の歴史的古城として、遼寧省重要文物と認定された。また、一九九三年以降、ヘトアラ城に対する修復作業がおこなわれた。復元されたヘトアラ城は主に汗宮大衙門、関帝廟、地蔵寺、満族民居および満族風情園などとして、一九九九年から正式に一般観光客に開放されるようになった［新賓満族自治県概況編写組二〇〇九：二八―二九］。

この二つの歴史的遺跡は、清王朝が隆盛を極めた時期においても、祖先の地としても重要な位置にあったことを示すものであり、新賓地域は満族の一つの誇りの地と見なされていたと言えよう。また、その後にさまざまな歴史的変遷を経て、満族が全国各地域に分散することとなっても、民族の発祥の地である新賓満族自治県は忘れることのできない民族象徴の地となっている。

三　調査村

S村は新賓満族自治県永陵鎮に属し、永陵鎮政府所在地の東方七二キロメートル離れたところにあり、東南方向に走る道路沿いに位置する。村の行政については、五つの自然屯[4]、あるいは七つの居民組[5]から構成されている。S村は三つの村が合併したもので、満族、漢族、朝鮮族が混住している村落である。

生産隊[6]の時代には、S大隊と呼ばれ永陵人民公社に属していた。一九八三年、国家による「撤隊建村政策」に応じ、村民自治委員会（村民委員会）を成立させ、永陵鎮政府に管轄されるようになった。一九九一年、近隣の比較的大規模な大隊であるN大隊がN郷に昇格したため、S村を含む隣の五村を合併することとなった。そのため、S村はN郷政府に従属することになった。しかし、一九九八年に行政負担を軽減化させるという目的の合郷併鎮計画によって、S村は再び永陵鎮の管轄下に戻されることになった。

今日のS村は三つの村落が合併したものであるが、一九六〇年代には一つの大隊であり、大隊の下位組織に七つの小隊が包括されていた。一九六二年に、七つの小隊のうち、人口が最も多いT小隊を大隊から離脱させ、T大隊を成立させた。また、一九八二年になると、朝鮮族小隊も独立し

3　調査村

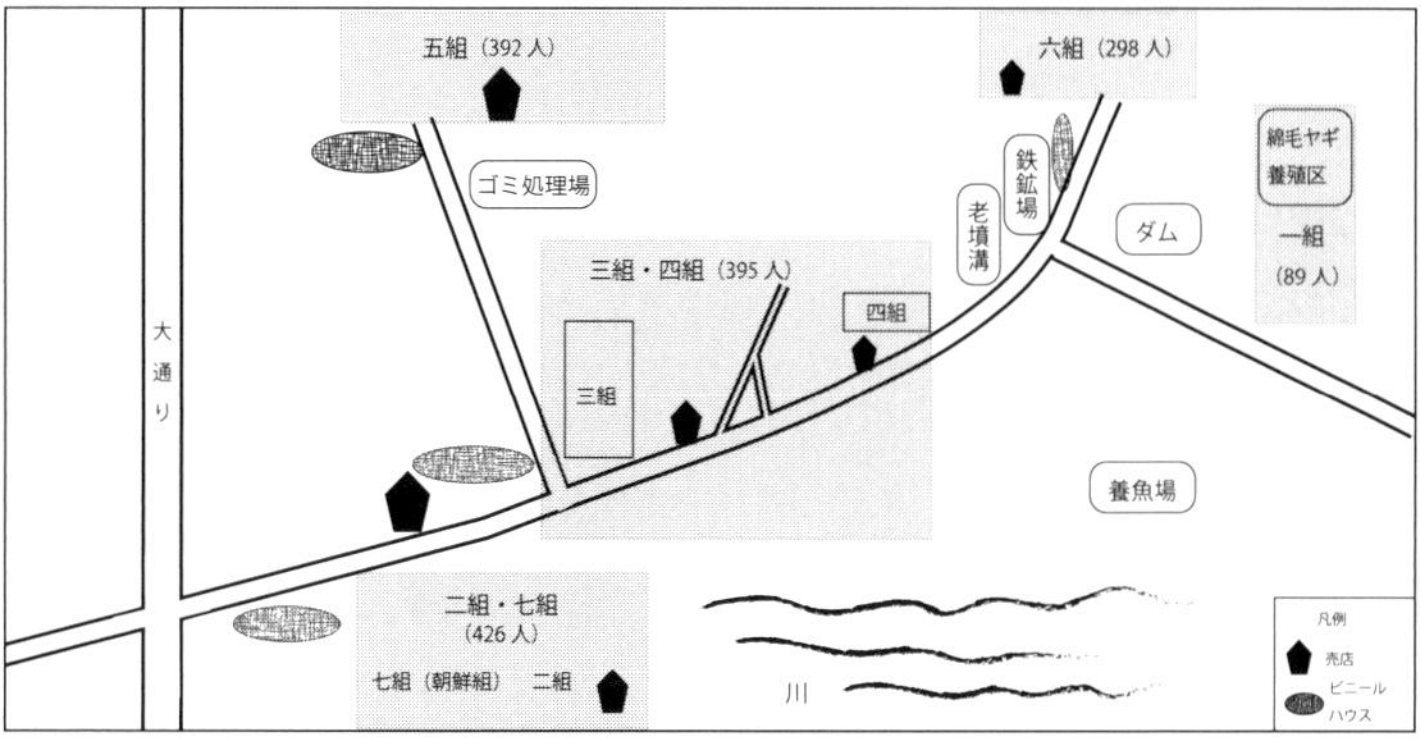

図2-2　S村構成図（出所：筆者作成）

て、一つの大隊になった。その後、合郷併鎮政策によって、二〇〇〇年にT村は一つの小組として再びS村に編入された。二〇〇二年に朝鮮族村もS村の一組になった。したがって、現在ではS村は五つの自然屯、あるいは七つの居民組から構成されることとなった。

村の面積は二四平方キロメートルあり、そのうち森林面積一・六七平方キロメートル、耕地面積二・三三平方キロメートル（水田一・一三平方キロメートル、畑一・二平方キロメートル）である。農民は一人あたり〇・〇〇一平方キロメートルの耕地を持ち、稲、大豆、トウモロコシを主な農作物としている。気候が温和であるため、漢方薬の栽培及び養殖業にふさわしい。農業設備としては、灌漑用水のダム、ゴミ処理場、及び養魚場が一つずつ、ビニールハウス一〇〇個、綿毛ヤギ養殖区一ヵ所が設置されている（図2―2）。また、各組は自留地[7]を有し、一人当たりの平均自留地は約〇・〇〇一三平方キロメートルである。

二〇一三年のS村の戸籍には、四五七戸、一五七九人（男：七七五人、女：八〇四人）が登録されている。一九八〇年代から

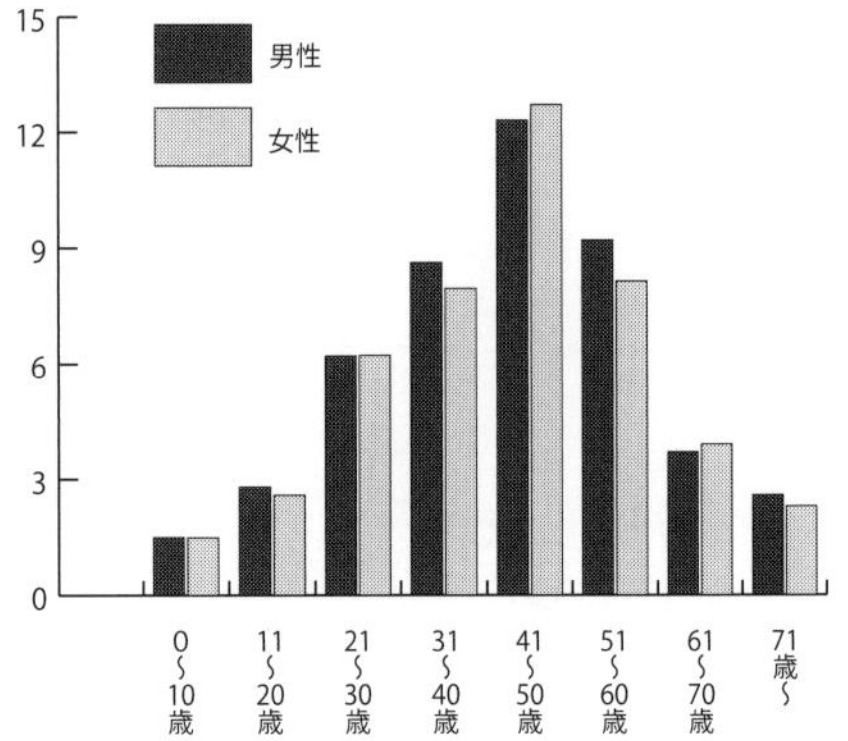

図2-3　S村の人口比率（出所：2010年の村戸籍より筆者作成）

二〇一三年現在に至るまでの村の総人口及び各小組の人口の推移は、図2―3、表2―2～表2―5に示す通りである。

表2―2によると二〇〇〇年、二〇〇三年の二回、人口は大幅に増加している。その原因はT村及び朝鮮族村を編入したことによる。その他の年は、村の総人口、各小組の人口ともあまり著しい変化が見られない。この原因は計画生育政策(8)の実施及び戸籍管理と深く関わっていると考えられる。また、各組は満族と漢族が混住しているが、満族の人口は大多数を占めている。特に、一九八五年新賓満族自治県の成立によって、満族は村総人口の約八五％を超えるようになった。

表2―5の各小組人口の推移については、各組の規模が異なるため、人口差も見える。七組のうち第五組は最大の組で、三九二人である、第一組は最も少なく、九〇人しかいない。第二組と第四組及び第七組（朝鮮組）の人口数はおおよそ二〇〇人前後である。そして、村の総人口の変化と同じように、各小組の人口もあまり大きく変わらないことを示している。

現在、S村の戸籍には一六〇〇人近くが登録しているが、実際にS村に暮らす人の数は約三七％である。また、朝鮮組は戸籍人口一七八人のうち、わずか二七％しかいない。村に残っているのは老人

3　調査村

表 2-4 各小組の人口（1994 年）

小組	総人口（人）	満族（人）	漢族（人）
1	113	98	15
	男 59/ 女 54	-	-
2	259	211	41
	男 126/ 女 133	-	-
3 4	221	204	17
	男 108/ 女 113	-	-
5	418	336	32
	男 213/ 女 205	-	-

表 2-5　各小組の人口の変遷（1982 年～ 2012 年）

	第一組	第二組	第三組	第四組
1982	107	242	219	199
1996	97	247	218	218
2000	77	238	222	205
2011	88	233	204	194
2012	89	248	204	191

	第五組	第六組	第七組
1982	406		
1996	435		
2000	445		
2011	386	297	185
2012	392	298	178

（表 2-2 ～表 2-5 の出所：S 村政府資料室の戸籍資料より筆者作成）

表 2-2　村の人口（1986 年～ 2010 年）

年	自然屯	小　組	世　帯	人口（人）
1986	4	5	294	1,271
1987	4	5	313	1,227
1988	4	5	318	1,276
1989	4	5	323	1,271
1990	4	5	324	1,227
1991	4	5	325	1,276
1992	4	5	331	1,316
1993	4	5	332	1,316
1994	4	5	344	1,251
1995	4	5	344	1,251
1996	4	5	345	1,250
1997	4	5	334	1,205
1998	4	5	330	1,157
1999	4	5	340	1,179
2000	5	6	348	1,450
2001	5	6	420	1,431
2002	5	6	420	1,400
2003	6	7	462	1,533
2004	6	7	456	1,533
2005	6	7	451	1,592
2006	6	7	452	1,590
2007	6	7	450	1,586
2008	6	7	450	1,520
2009	6	7	450	1,590
2010	6	7	450	1,589

表 2-3　各生産小隊の人口（1984 年）

生産小隊	総人口（人）	満族（人）	漢族（人）
1	120	84	36
	男 67/ 女 53	男 47/ 女 37	男 20/ 女 16
2	255	119	136
	男 126/ 女 129	男 57/ 女 62	男 69/ 女 67
3 4	230	184	46
	男 111/ 女 119	男 92/ 女 92	男 19/ 女 27
5	223	200	23
	男 107/ 女 116	男 94/ 女 106	男 13/ 女 10

と小学生以下の子供だけである。一部の人は子供の就学のために、子供に付き添って県城や市へ移住する。また、出稼ぎのために長く家を留守にする者たちが最も多い。労働能力を有する二〇代～五〇代前後の人は撫順や瀋陽のような省内近距離の大都市へ行くのが多いが、ほかの省、また韓国、イタリア、スペインなどの外国にまで行く人も少なくない。

一方、少数ではあるが、約一〇人の空掛戸がいる。空掛戸とは数年間連絡が取れず、完全に村とつながりを断っている状態にある人々のことである。人口を調査する際には、空掛戸の数を入れて計算するが、実際には空掛戸は村人ではないと見なされる。

四　小括

本章では主に新賓満族自治県、永陵鎮及び調査村の概況について自然、歴史、行政などの諸側面から簡単にまとめてきた。既に述べたように、新賓満族自治県永陵鎮は中国において一六世紀末期から満族の発祥・発展の地として、歴史的に重要な地域ととらえられている。調査地は特な自然と歴史的環境によって、当地では民族英雄からの影響、多様な文化や民族の融合などの地域的な特徴も見られる。これらの特徴は、後半の各章で取り上げる当地の宗教、親族及び民族関係の形成と発展に深く関わるものである。

また、中華人民共和国成立以来、土地改革、社会主義現代化、改革開放、中国特色社会主義などの政策が絶えず打ち出されてくる。満族の村落であるS村も当然、政策に巻き込まれ、時代的な変化に応じて変貌している。そのため、調査地について様々な経済、政治の変遷及び問題をめぐって、次章で詳細に分析をおこなう。

注

(1) 郷、鎮とは県や自治県の下に所属する行政単位のこと。日本の町村に近い。
(2) 東陵（福陵）、北陵（昭陵）、永陵を合わせて「清朝の関外三陵」と呼ぶ。
(3) 皇室陵園には皇帝と皇后を葬ることになる。しかし、永陵にはヌルハチの六世祖猛哥帖木子、曾祖父福満、祖父覚長安及び父塔克世という四世代の祖先が葬られる。また、伯父礼敦、叔父塔察篇古なども葬られる。このように、世代不同、君臣共陵という形が永陵の特徴になる。
(4) 自然屯とは、自然形態的な住民の集落である。
(5) 居民組とは、住民グループである。
(6) 生産隊とは、人民公社時代の農村の末端単位である。
(7) 生産隊が所有する土地の中から一部分を人民公社員に分配し、公社員が集団労働に従事する以外の時間に副業生産をおこなう土地のことである。
(8) 計画生育政策は「一人っ子政策」とも言う。人口の抑制を目的に一九七〇年代初頭から始まり、一九七八年に国策として位置づけられる。中国では、男性が満二二歳、女性が満二〇歳で結婚することができる。夫婦が一人だけ出産し、晩婚を提唱、遅く生むこと、優生を奨励する。

第三章　社会環境と経済状況

今日の満族を理解するにあたり、まずは社会環境、経済状況からアプローチする。本章はS村の政治変遷、行政組織、経済発展と改革、農業と出稼ぎなどを中心に検討するものである。

一　政策の変遷

一九四九年、中華人民共和国が成立した後、中央政府は工業化を促進し、集中的な計画経済体制を実施し、農村人民公社制度をおこなうという三つの政策を決定した。農業政策について、農業集団化を執りおこない、互助組や初高級合作社などの方針を実行した。これらの政策の実施によって、農民の社会的地位が変わり、農業に対して農産品の統一購入・販売[1]をおこない、農民の生産資材が集団所有に変更することになった。中国の計画経済体制は農産品の統一購入・販売、城郷二元戸籍制度及び農村人民公社制度から構成される。永陵鎮S村においては、以下のような一連の政策的変遷を経た。

一九五一年　互助組成立
一九五三年　農産品統一購入・販売
一九五七年　初級農業生産合作社から高級農業生産合作社へ
　　　　　　農業、手工業、私営資本主義商工業に対する社会主義改造
一九五八年　高級農業生産合作社から人民公社へ
　　　　　　生産隊形成
一九六六年　文化大革命
一九七八年　改革開放
一九八二年　家庭生産請負制
一九八三年　人民公社廃止
二〇〇二年　『土地承包法』
二〇〇六年　農業税廃止

互助組と農産品の統一購入・販売などの政策を実行した後、さらに農産品を管理するため、中央政府は高級農業生産合作社、農村人民公社制度をおこなってきた。このような様々な農業集団化政策の

基本理念は農村経済体系を行政組織に付属させた、国家が農産品の生産と流通に関与する力を高めたのである。

農業集団化政策によって、農民が生産隊に編入され、統一生産、統一分配という形になった。特に高級農業生産合作社以来、土地は農民の私有制度から集団所有制度へ変化した。すべての生産資材は集団に属し、社員の間に社会主義合作関係を新しく作り出した。その規模は初級農業生産合作社の約五〇戸から高級農業生産合作社の約二〇〇戸に拡大した。農民は人民公社制度に縛られ、自由に仕事を選択できなかった。

S村の五〇代以上の村民たちは全員生産隊に入隊して、共同労働をした経験がある。当時、S村の経済活動は主に農業が中心であった。農業生産では、生産内容と生産量が決められ、すべての労働は村民全員が共同で行った。毎年一回、工分(2)を計算して給料を配る。家族の工分を増やすため、女性も農作業に参加するようになった。

一九五七年頃から始まった人民公社は一郷一社で組織規模が大きく、集団所有制度で公有性が高かった。この制度は、経済規則の代わりに行政命令が人民公社の経済組織をコントロールし、農業の生産経営が弱体化した。一九六〇年になると、この制度の影響により、また連続的な自然災害が加わって、農業生産力が破壊され、全国的に農業生産が減少し、国民経済も厳しい環境に陥った。

当時、作業はほぼ人力でおこなわれ、かつ集団作業の効率が低いため、生産性は低かった。さらに、S村の大隊（以下、S大隊）では学校や公共食堂などの人民公社の事業を運営したので、農民の負担が増加した。農民は毎日懸命に働いたが、分配される食糧は少なかった。農民の食事はトウモロコシの粥、山菜、芋などばかりで、腹いっぱい食べられない日々を過ごした。

S村では、このような貧しい生産隊の時代は一九八三年まで続いた。一九八三年一〇月、中央政府は「関于実行政社分開建立郷政府的通知」という決定を公布し、人民公社から行政権利を分離して新たに郷政府を成立した。郷政府の下に、各村において村民委員会を設置して行政機能を果たし、生産大隊の経済機能を取り消した。

一九七八年一二月の十一届三中全会以来、中国全国において経済改革が実施された。改革はまず農村から始まり、農村経済改革の核心は家庭承包制[3]であった。この制度は土地改革、人民公社の後の、第三回目の土地制度に対する改革であると言える。この改革によって、土地を分配し、食糧問題を解決した。農民は資金を支払わずに土地を使用することができるようになり、土地を経営する主体になった。村民たちは自家の土地を耕作することになったために、生産量はかなり向上し、家族の食糧問題はほぼ解決した。

二〇〇八年一〇月の十七届三中全会によって、農民が土地を自由に販売することを除き、永久に土地の占有、支配、使用、譲渡の権利を有することになり、農民と土地を緊密に結び付けた。この土地政策は共産党の農村に対する政策の基盤になるものである。土地は集団が所有するが、基本的に農村の人口に応じて平均に分配され、農民は家庭単位で経営する。この制度の特徴は各家庭に土地が分配される。土地は僅かであっても基本的な生活を保障することができる。その背景に農民の都市へ出稼ぎの流行がある。農民の出稼ぎ人口が都市で過剰になった場合、あるいは不景気で失業した際に農村に戻れるように作り出されたものである。

二〇〇〇年以降になると、農業に関する政策として、農民の負担を減少させるため、農民を支援する政策を増加させた。特に、農業に関する税金を免除したり、農地への補助金を支給した。二〇〇〇年には、農業に関する郷、村レベルの事業費用の徴収を中止した。また、二〇〇六年、完全に農業税を免除するようになった。一方、共同労働の束縛から解放され、商売をしたり、全国各地域へ出稼ぎに行く人が徐々に増えていくこととなった。この点については第四節で、さらに詳しく述べる。

二　行政組織

一九五八年、S村では社会主義農業経済体制が組織され、生産隊大隊が成立し、永陵人民公社に属した。生産隊[4]の時代には、生産大隊は七つの生産小隊（T小隊と朝鮮族小隊を含めて）に分けられていた。一九六〇年代には一つの大隊であり、大隊の下位組織に七つの小隊が包括されていた。一九六二年に、七つの小隊のうち、人口が最も多いT小隊を大隊から離脱させ、T大隊を成立させた。また、一九八二年になると、朝鮮族小隊も独立して、一つの大隊になった。

一九八三年、国家による「撤隊建村政策」に応じ、村委会（村民委員会）を成立させ、永陵鎮政府に管轄されるようになった。生産大隊が解体されると、それに代わるものとして村委会が成立したが、七つの小隊の区分はそのまま残され、呼び方は小組に変更された。

S村の行政組織は、中国共産党支部委員会と村民自治委員会からなり、この二つの委員会は通称

表 3-1　党支部書記及び在職期間

職位	氏名	在職期間
党支部書記	ZDX	1977 年 1 月～ 1981 年 12 月
	FAM	1982 年 1 月～ 1985 年 2 月
	ZHL	1985 年 2 月～ 1989 年 12 月
	LJJ	1989 年 12 月～ 1990 年 12 月
	ZJM	1991 年 1 月～ 1995 年 10 月
	TZ	1995 年 11 月～ 1998 年 8 月
	ZCL	1998 年 9 月～ 2004 年 2 月
	MJT	2004 年 2 月～ 2011 年 12 月

表 3-2　村委会成員及び在職期間

職位	氏名	在職期間
主任*	ZJM	1982 年 1 月～ 1990 年 12 月
	ZCL	1991 年 1 月～ 1995 年 10 月
	DDJ	1995 年 11 月～ 1998 年 12 月
	ZJM	1990 年 1 月～ 2001 年 3 月
	MJT	2001 年 3 月～ 2014 年 12 月
会計	TYK	1982 年 1 月～ 1984 年 12 月
	ZQK	1985 年 1 月～ 2000 年 12 月
	CJD	2001 年 1 月～ 2001 年 12 月
出納	ZHL	1980 年 1 月～ 2002 年 3 月
文書	ZHL	2002 年 3 月～ 2014 年 12 月
婦人主任	WSZ	1982 年 1 月～ 1989 年 12 月
	XFZ	1989 年 12 月～ 1991 年 12 月
	DYQ	1992 年 1 月～ 2014 年 12 月

* いわゆる村長のこと（表 3-1 ～表 3-2 の出所：S 村政府資料室の戸籍資料より筆者作成）

「双委」、または「両委」などと呼ばれている。また、一般的な習慣として、簡称化して中国共産党支部委員会を「村支部」、村民自治委員会を「村委会」と言う。「村支部」は国家機関であり、党の政策を宣伝し、かつ実現する機能や働きを担い、党支部書記、副書記、組織委員員などの成員によって構成される。これに対して、「村委会」は民主選挙によって成立する村民の自治組織である。政府に協力するという性質や機能を有しているが、「村支部」のような国家機関ではない。「村委会」には村長、副村長、婦人主任[5]、文書係[6]、会計・出納係[7]などが設置される。表3—1、表3—2は一九八〇年代から二〇一三年に至るまで、S村における「村支部」と「村委会」の構成成員の氏名と在職期間である。

村委会の成員たちは、「村民委員会組織法」に従い、村民たちの選挙で選ばれる（写真3—1）。任期は三年である。戸、あるいは個人を一票とした投票率と得票数で計算して当選とする（写真3—2）。すなわち、投票率が総数の三分の二を超え、さらに、得票数が投票に参加した人数の二分の一を超えるなら、選挙は有効になる。例えば、全部で三〇人いる場合、二〇人以上が投票に参加し、選ばれた人が一〇票以上を獲得すれば、選挙は有効となる。

S村には以下のような特別な事情がある。MJT(8)は二〇〇一年にS村の村長となり、日常管理を担当しはじめ、二〇〇四年から現在（二〇一五年）まで村の書記と村長を兼任し続けている。MJTが在職したこの十年もの間、S村は非常に発展し、村落の風貌も変わり続けてきた。その功績のために、二〇〇九年に、MJTは永陵鎮の副鎮長に昇進した。さらに、二〇一一年に、紅昇郷の郷長に昇進することとなった。このように、MJTは鎮や郷の幹部になった後も、村民たちは選挙によって相変わらず彼をS村の村長として選び、再任することを望んだ。すると、新賓県政府は村民たちの要望を認め、MJTが村長を兼務することを承認した。しかし、MJTの党支部における組織関係がすでに変わっていたため、村支部書記の兼務を続けることはなかった。そこで、県政府は別のところのある幹部を村支部書記に任命したが、実際には名目上だけで、村の管理を任せないことにした。

写真 3-1　村民が投票する様子（出所：S村資料室資料）

写真 3-2　投票を統計する様子（出所：S村資料室資料）

各小組はS村の管理に従い、村支部と村委会の仕事に協力する。各小組にはそれぞれ組長が設置されている。この組長も村民自治委員会のもとで村民の投票によって選ばれる。組長は村政府からの政策や情報などを村民たちに伝えたり、村民たちの意見や要望などを村に伝達したり、または村民たちの代わりに村政府と交渉したりする。

三　戸籍制度と計画生育政策

一九五〇年代、国家は早急に工業を発展させるため、前述した統一購入・販売政策および農村人民公社制度以外に、計画経済体系体制の一環として城郷二元戸籍制度を打ち出した。当時、統一購入・販売政策を通じて、農産品の価格を下げ、工業化に資本の原始的蓄積を実現する。これに関わって、都市と農村を区別する戸籍制度が必要となり、この制度によって農村人口の都市への移動を抑え、統一購入・販売政策を徹底的に進行させた。

そのため、一九五八年一月、「中華人民共和国戸口登記条例」を作り出した。この条例は、農村から都市へ移住する場合、都市における労働部、学校などの採用証明書、あるいは戸籍機関から発行された遷入証明書(9)を持ち、戸籍所在地の戸籍機関に遷出証明書(10)の手続きを申請することを定めている[許　二〇〇九：三〇]。この条例によって、法律上で農民の都市への移動を制限し、都市と農村の間に二元戸籍制度を固定化するようになった。

一九九〇年代、改革解放の進行に伴い、農産品を基準とする農業人口と非農業人口の戸籍政策が変わった。一九九四年に、居住地と職業によって、農業人口[11]と非農業人口[12]を区別し、さらに常住人口、暫住人口及び寄住人口という三つの形式を戸籍登録制度の基準に加えた。その後、地域によって農村と都市、職業によって農業と非農業人口を区別するようになる。二〇〇八年一〇月、十七届三中全会の『決定』に基づき、さらに戸籍制度を改革することを目指し、中小都市の「准遷落戸[13]」を緩め、都市に安定した農民を都市戸籍に変更させようとした［許　二〇〇九：三六―三七］。

S村の戸籍は農業人口と非農業人口の二種類からなる。実際に、S村は戸籍に関する遷入と遷出を厳しく管理している。戸籍の遷入とは、落戸とも言われる。落戸のために、「准遷落」という手続きが要る。「准遷落戸」が許可されて、はじめてS村の村民になり、住宅の購入や建築、また村の土地と行政上の優遇サービスなどを受けることができる。過去の遷入の事例では、S村にいる親戚に依頼する人がいた。また、思想改造をおこなうために、政府の命令で、都市の幹部を農村に派遣することがあった。S村でも他の都市の落戸を受け入れた。さらに、村の幹部を買収し、ほかの村民たちに黙って不正に落戸した例もあった。

不正に村に落戸した家は、いつかは村民たちに気付かれる。不正がばれると、村民たちを慰めるために、自らが戸籍を取得しても、村の優遇政策や土地を享受しないと明示した。しかし、それも少し時間が経つと、徐々になんとかしてほかの村民と同じような権利を得ようとした。この際、まわりの村民たちは寛大に妥協することが多かった。このようなことを避けるため、落戸する前に、村民の権利をいっさい放棄するという保証書を書くなどの対策も現われた。

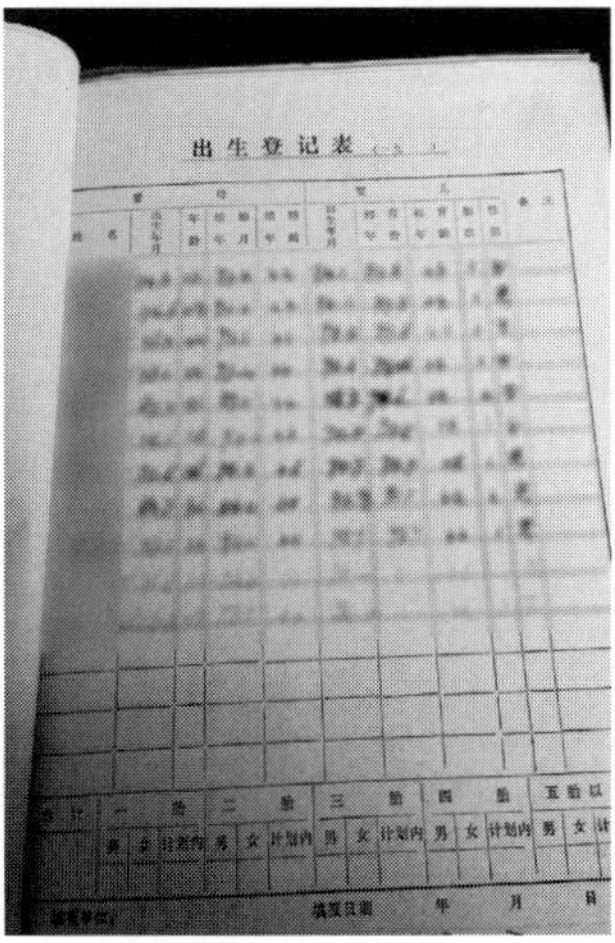

写真 3-3　出生記録（出所：2014 年 11 月 27 日筆者撮影）

村の土地、森林などの資源は有限なもので、外来人口の落戸は村民たちの利益に直接に関わっている。そのため、一九八三年に集団経済が終了して経済改革になって以来、村の戸籍制度は以前よりかなり厳しくなってきた。現在、S村において、遷入の審査は結婚と出産とが正当な理由と見なされる。とくに、申請を出す際に出生医学記録、出生記録（写真3―3）、死亡記録を提出するなど正式の手続きが必要となり、落戸の条件を慎重に管理する。それ以外の理由での落戸は、村民自治委員会が会議を開き、村民たちの承認を得なければならない。特別な事情がない場合、落戸は常に承認されない。

遷入に対して、遷出は主に結婚、就学、仕事などの理由による。S村では、仕事の関係で都市に移住して、城鎮戸籍に変わる人も少なくない。また、朝鮮組から韓国に嫁いだ女性は国籍さえも変わる。

上述した戸籍制度を実施すると同時に、計画生育政策[14]も農村人口の管理と深く関わっている。計画生育政策は一九七〇年代に始まった。S村でも計画生育政策を執行し、子供の出生数をかなり抑制している。この政策の下で第二子の出産を望む場合は、「二胎」[15]（第二子）出産の申請が必要である。その認可は少数民族、農村戸籍、夫婦が一人っ子であるかどうかなどを条件にして判断する。

S村で適用されている基本的な「二胎」政策は、①農村戸籍の夫婦で、どちらか一方が一人っ子、

②夫婦双方が満族（あるいは朝鮮族など）、③農村戸籍の夫婦で、夫婦のどちらか一人が満族（あるいは朝鮮族など）、夫婦のどちらか一人が漢族の夫婦は、一番目の子供が女の子、④女が農村戸籍、男が城鎮戸籍で、第一子の戸籍を農村に登録した、以上のどれかの要件を満たす場合に限り「二胎」の出産を認めるという。但し、第一子と第二子の出産は、四年以上の間隔をおかなければならない。四年間未満の出産は「搶生」と呼ばれ、罰金を払うことになる（表3—3）。

表 3-3　1994 年度の罰金徴収表

性別	氏名	子供数	原因	罰金（元）	支払（元）
男性	NYZ	二胎	搶生	2,000	2,000
女性	GSY				
男性	TYM	二胎	搶生	2,000	2,000
女性	JLC				
男性	LGJ	二胎	搶生	2,000	2,000
女性	ZGX				
男性	WYQ	三胎	超生	3,000	3,000
女性	WYF				
男性	TKW	二胎	搶生	5,000	3,000
女性	S M				

（出所：村政府の資料室における資料より筆者作成）

計画生育政策に違反すると罰金を払うことになる。一九八〇年代頃、一部の村民はこの計画生育政策を受け入れず、相変わらず第二子、または第三子を出産していた。そのため、政府は罰金制度を設置し、違反者の公表、税金や社会保障での待遇格差をつけるなど、対策の強化をした。S村では、夫婦が第一子を出産すると、担保として村政府に四〇〇人民元の預け金を預ける。政府の承認なく第二子や第三子を出産した際には、この預け金は返ってこない。また、夫婦が正式に結婚する前の妊娠が禁止され、それに違反したら罰金を払うことになる。例えば、ある夫婦が三月に婚姻届を出したが、二月にすでに妊娠していたならば、罰金一〇〇人民元を支払う。一月に妊娠したならば、罰金は二〇〇人民元になる。

一九八〇年代には、この罰金の徴収は村政府が担当していた。計画生育政策が執行されたばかりの時は、農民たちは計画生育政策の意味が理解できず、それまでの考えを変えられず、政策に違反してでもたくさんの子供を産むことを望んだ。しかし、多くの家庭では多額の罰金は、生活に重い負担がかかることになる。特に貧しい家では現金を支払えず、家具や時計などの家財で罰金を償う家もあった。

村の収支記録には、その罰金の記録が多く占めていて、重要な収入源の一つでもあった。一九八二年のように違反が多い年の場合、一年間に二〇回もの罰金徴収がある時もあった。一方、違反者に対して、多額な罰金の他に、行政、社会保障での待遇などの面での処罰を実行している。特に、村の幹部や党員たちはさらに厳しく罰せられている。それに背いた場合、役職を失う場合もある。村の元書記であったＬＪＪは長女を産んだ後、政策に違反して第二子を出産したことで、村書記の職を罷免された。

一九九〇年代頃から、計画生育に関するそれぞれの政策は浸透しつつあり、管理システムも本格化された。Ｓ村において当初は政策を宣伝する看板では、「罰款」（罰金）という言葉をそのまま明記されていたが、「罰金」という表現が禁止され、「計画生育管理費」という名称に変更された。罰金を徴収する機関も村政府から県政府に変わり、県政府の担当者が直接村に来て政策の実行を監督し、罰金を徴収するようになった。

夫婦は結婚する時から、子供が成人するまで、多くの手続きを済ませることになる。例えば、新婚夫婦は初婚の場合、初婚登録をする必要がある。また、出産する前に「生育指標」を申請したり、計画生育政策への参加を申し込んだりする。村政府は各家庭の結婚や出産などの具体的な管理を取り仕切る。特に、生育指標については厳格な監督をおこない、毎月の産児制限措置を計る。村には婦人主任という専門職を設置し、毎年の生育指標実現状況、産児制限措置及び毎月の明細、流出人口計画生育状況など複数の条件によって、出産を管理する。そのため、整備された計画生育政策は良い効果をもたらし、ほとんどの村民は規定されたこと以外の出産を避けるようになった。

現在、人口数がうまく抑制され、計画生育政策は実際の状況に合わせて、徐々に調整されている。最初の一人っ子政策から、例外的な「二胎」出産へ変化し、さらに「二胎」出産の条件も年々緩やかになってきた。そして、この政策は医療や経済などの面において、村民たちにとって恵まれたプログラムも含まれている。たとえば、妊優検査というプログラムは、事前検査によって子供の健康を保つために設置されたものである。新婚及び半年以内に妊娠しようとする女性に、指定された病院の産婦人科で使える三〇〇人民元の検査料金を提供する。また、計画生育政策に参加して正しく守ってきた夫婦は六〇歳になると、毎年二〇〇人民元の手当を受ける。

四　経済の発展と改革

S村の五〇代以上の村民たちは全員生産隊に入隊して、共同労働をした経験がある。彼らは当時の生活を思い出すと、ほとんどの人は食べ物がなく、飢えていたと言う。生産隊時代の基本理念は「統一生産統一分配」というものである。当時、S村の経済活動は主に農業が中心であった。農業のほかに、林業も少しやっていたが、木を切って運ぶといったような基本作業であり、規模も大きくないため、現在ほどの収入ではなかった。

各小隊の間では、それぞれの状況によって、多少の違いが見える。典型的なものとしては一工分に相当する給料が異なっていたことである。当時、第三隊と朝鮮族隊は少し余裕がある小隊であり、工分を計算する際に、一工分を〇・一人民元としていた。これに対して、生産効率が低く、一工分あたり〇・〇六人民元しか交換できない小隊もあった。

そして、土地や林地はすべて集団で所有している。各生産大隊は自留山と自留地[16]を持ち、所有権が相変わらず集団に属するが、各生産小隊に分配され、その後、各小隊は自らの自留山を成員に平均的に分ける。このため、各小隊は自留山配分組を成立させ、社員大会をおこない、政策の指示通りに自留山を分配する。小隊ごとに自留山配分組の組長を設置し、社員代表を選び、自留山の測量、分配を執りおこなう。また、社員の合意に基づき、自留山の経営を決定する。

表3―4、表3―5は一九八二年、S大隊、T大隊、朝鮮族大隊の自留山の分配状況を記録したものである。S村の実際状況によると、自留山は主に荒山、薪炭林、灌木、疎林地という四つの種類に分けられる。各小隊（またはT大隊、朝鮮族大隊）の規模が違うが、人を単位として分配をおこない、ほぼ平均毎戸八～一〇畝、一人当たり二畝の自留山がもらえる。

自留山を経営する際に、小隊の中には有能な者も現われ、農業での生産効率を増加させるだけでなく林業などの副産業にも従事し副収入を得れば、工分が少し増えたりする。S村の「伐採現場」で一日働くと、一二工分もらえ、そのうち小隊に五分を納め、残りの七分は個人がもらえ、二人民元ぐらいになる。また、小隊と造林契約を結んだ個人もいた。小隊が造林の苗木を提供し、個人が苗木を育

表3-4　1982年S大隊自留山区分

小隊	世帯	人口	面積（畝）					世帯平均面積（畝）	1人当たりの平均面積（畝）
			総面積	荒山	新炭林	灌木	疎林地		
1隊	27	107	207	70	100	100		10	2
2隊	54	252	484		294	190		8.96	2
3隊	50	219	438		190	248		8.76	2
4隊	53	199	418		418			7.9	2
5隊	77	306	512			812		10.5	2
合計	261	1,083	2,059	70	1,002	1,350		9.2	2

（出所：村政府の資料室の資料より筆者作成）

表3-5　1982年T大隊、朝鮮族大隊自留山区分

	世帯	人口	面積（畝）					世帯平均面積（畝）	人均面積（畝）
			総面積	荒山	新炭林	灌木	疎林地		
T大隊	29	322	839	20	630	189		10.6	2.6
朝鮮族大隊	45	220	450	12	193	236	12	10	2

（出所：村政府の資料室の資料より筆者作成）

て、林地を営み、樹木の生育率が八五％以上を達成しなければならない。造林の収入は小隊と個人が三対七の割合に分けることになった。

土地と林地と同じように、個人の住宅も社員宅基地として大隊に登録して、統一的に管理している。登録票には、氏名、職業、住所、成員数、所有権、敷地面積、建築面積、建築構造図などの情報が詳細に記録されている。登録票の記載によると、建物は草房、瓦房及びレンガ・瓦房という三種類があり、敷地面積は広いが、建築面積は約五〇平方メートルしかなかった。宅基地は集団が所有し、社員がその使用権を持っているが、自ら建物の修繕、面積の拡大などをすることができなかった。

十一届三中全会以来、農村経済改革が始まり、「家庭聯産承包制」[17]が実施されるようになった。S村では農民たちはこの制度のことを「単干」[18]と言った。「単干」以降、農民の生活は大きな変容を見せた。

「単干」ではまず、土地を分配し、食糧問題を解決した。「単干」の第一歩は各小組を単位として、小組内の

土地を人数分によって農民に、平等に分配することである。すなわち、農民は資金を支払わずに、土地を使える。しかし、各小組の土地の広さと質には違いがあり、また小組ごとに土地を区分する方法も違うので、農民たちが分配された土地は同じものではない。朝鮮組は、畑と水田を合わせて一人あたり二・五畝を分配されたが、S組と三組は一人一畝しか分配されなかった。また、四組はできる限り平等に土地を配るため、質によって水田を五ヵ所に分け、毎ヵ所ごと土地を分配した。そして、土地を選ぶ順番は各家の代表による抽選で決めた。

国家の規定では請け負う期間は一五年間であるが、一九八〇年代、家の土地の質に不満がある人がいれば、再び分配をし直し、二、三年経過すると新たに分配を繰り返した。一九九九年、新たな農村土地承包法を実行し、農民に長期的な土地の使用権を与え、さらに安定的な家庭土地承包制度である。その後、土地の分配は基本的に安定し、現在では、各小組による違いはあるが、だいたい一〇年、一五年毎に改めて土地を計算して再分配することにしている。

村民たちは自分の土地を耕作することになったので生産量はかなり向上し、家族の食糧問題はほぼ解決した。その後、土地の束縛から解放され、商売をしたり、全国各地域へ出稼ぎに行ったりする人が徐々に増えていくこととなった。一九八七年頃になると、家族経済がよくなり、数多くの家庭では新しい住宅の建設をし始めた。現在、S村における住宅のほとんどが一九八七年と一九八八年の二、三年の間にできたものである。

二〇〇〇年以降になると、S村でも土地に頼って生きる農民はさらに減少してきた。しかし、農耕の収入は少ないとは言えない。例えば、他人の土地を借りる農民は一畝につき四〇〇人民元の土地使用料を支払い、残り七〇〇人民元の収入を手に入れられる。もし、自家の土地の場合であれば、個人の土地なので面積が狭く生産率が低いが、それでも土地使用料を支払う必要がなく、毎畝約一〇〇〇元の収入がある。また、国家は農民を支援する農業政策を増強し、農業に関する税金を免除した上で、農地への手当を支給した。

二〇〇〇年以降、S村は生活環境、経済発展など様々な改革をおこない、あらゆる側面に大きな変化が見られた。二〇〇一年にMJTが村長になると、S村に生産貧困扶助プロジェクト、百村開発プロジェクトを立ち上げ、農民にメタンガス温室の開発、漢方薬の栽培などの経済項目を普及させた。MJTはS村の経済改革を導き、村民の生活環境を改善して、S村を新賓県の模範村に変貌させることを目指した。

彼はS村のT組出身であり、九〇年代頃から、他の村民より早めに林業などの商売で成功し、金持ちになって村の有力者になった。そして、S村の村長になってから、村の改革を図り、自らの財力と人脈を運用して県政府や企業から改革プロジェクトへの補助金も獲得した。S村の現状を分析した上で、二〇〇一年に立案した改革計画は以下の通りである（表3―6）。

S村の改革計画を主に①基礎設備の改善：道路、ダム、上下水道、有線テレビ、住宅改造、橋、灌漑用水、②農業：新しい作物の栽培、産量の増加、③養殖業・林業の就職：羊、鹿の養殖、漢方薬の栽培、④社会福祉サービス：村政府庁舎の建設、村民広場、衛生室、五保家園[19]、学校、という四つの方面から推進する。

改革の効果について、まず、最も村民の日常生活と関わり、はっきりと見てとれるのは基礎設備の

表 3-6　S 村改革計画書

<table>
<tr><td rowspan="4">目標</td><td colspan="4">経済性の高い作物の栽培を増やし、養殖業を促進する。</td></tr>
<tr><td colspan="4">村の経済力を高め、15 万元の村の負債を返済する。5 年間で貯金 20 ～ 30 万元になり、福祉施設を完成する。</td></tr>
<tr><td colspan="4">村民の平均収入が二倍に増加し、平均年収 2,400 元を超え、貧困戸を貧困な状態から解放する。</td></tr>
<tr><td colspan="4">基礎設備を備え、精神文明村の標準に達成する。</td></tr>
<tr><td rowspan="16">項目</td><td>年度</td><td>内容</td><td>規模</td><td>予算（元）</td></tr>
<tr><td rowspan="2">2002</td><td>有線テレビ</td><td></td><td>10 万（村民 3 万元、補助金 7 万元）</td></tr>
<tr><td>道路、橋</td><td></td><td>70 万（村民 30 万元、補助金 40 万元）</td></tr>
<tr><td rowspan="6">2003</td><td>多木組橋</td><td>120 メートル</td><td>40 万（村民 5 万元、補助金 35 万元）</td></tr>
<tr><td>村政府</td><td></td><td>15 万（村民 5 万元、補助金 10 万元）</td></tr>
<tr><td>街灯、壁</td><td>壁 2000 メートル、
街灯 1000 メートル</td><td>10 万（村民 2 万元、補助金 8 万元）</td></tr>
<tr><td>鹿養殖場</td><td></td><td>150 万（村民 45 万元、補助金 105 万元）</td></tr>
<tr><td>林業</td><td>果樹 700 畝
刺嫩芽 * 300 畝</td><td>40 万（村民 12 万元、補助金 28 万元）</td></tr>
<tr><td>漢方薬</td><td></td><td>130 万（村民 40 万元、補助金 90 万元）</td></tr>
<tr><td rowspan="2">2004</td><td>灌漑ダム</td><td>2000 メートル、
150 畝</td><td>130 万（村民 40 万元、補助金 90 万元）</td></tr>
<tr><td>水道</td><td>井戸 3 ヵ所</td><td>20 万（村民 6 万元、補助金 14 万元）</td></tr>
<tr><td rowspan="2">2005</td><td>ダム</td><td></td><td>80 万（村民 20 万元、補助金 60 万元）</td></tr>
<tr><td>灌漑用水壕</td><td></td><td>10 万（村民 2 万元、補助金 8 万元）</td></tr>
<tr><td rowspan="2">2006</td><td>T 住宅修繕</td><td>40 世帯</td><td>200 万（村民 48 万元、補助金 152 万元）</td></tr>
<tr><td>鶏養殖場</td><td></td><td>60 万（村民 20 万元、補助金 40 万元）</td></tr>
</table>

* 山野の一種。（出所：村政府資料室の資料より筆者作成）

改善による村民の生活環境の向上である。以前、S村は土の道であり、街灯などは皆無で、住宅も古い土屋や茅屋の方が多かった（写真3―4）。改造後、村は道路が舗装され、街灯、有線テレビ、固定電話などが設置された（写真3―5）。また、村の基礎設備を整備した上で、緑化と衛生に力を注いだ（写真3―6）。村民の住宅を全体的に計画し、統一的に庭を立ち上げた。そして、各組の住宅は相次いで太陽光エネルギー、上下水道、室内のトイレを装置した。村の道路には樹木、花を植え、花壇とあずまやを造った。以前と比べて、村の室内外の環境は一転した。そして、MJTは村民の生活慣習に目を配り、環境の維持を促進した。

また、経済面において、表3―7は村民のプロジェクトへの参加状況を示している。村はそれぞ

写真 3-4　過去のS村（出所：村政府資料室）

写真 3-5　整備した道路（出所：村政府の資料室）

写真 3-6　衛生所（出所：2014 年 11 月 18 日筆者撮影）

表 3-7　改革プロジェクトへの参加状況

項目	面積・規模	参加戸数	合計
羊の牧舎	1 棟	31 戸	31 棟
芝生栽培	2 ～ 7 畝	15 戸	69 畝
刺嫩芽	10 ～ 30 畝	7 戸	120 畝
五味子	3 ～ 20 畝	4 戸	33 畝
党参	1 ～ 30 畝	15 戸	64 畝
メタンガス温室	1 カ所	50 戸	50 カ所

（出所：村政府資料室の資料より筆者作成）

れのプロジェクトに参加した村民に対して資金面のサポートだけではなく、技術の支援及び商品の販売も支援する。例えば、経済性の高い作物を栽培するため、村が資金を出して、温室ハウスを三〇戸建て、それらを安い賃料で村民に貸し出し、収入を全部村民に還元する。二〇〇二年、鹿の養殖を推進する際に、村政府は鹿養殖場がうまく運営できない場合、鹿を回収し、村民の利益を保つと約束した。また、五味子（チョウセンゴミシの成熟した果実を乾燥した生薬）や党参（ヒカゲツルニンジンの根）などの漢方薬の栽培を支援するために、村は漢方薬の生産基地と連携し、漢方薬の販売ルートを作り出した。

一方、貧困村民に対する援助では、村政府は各組の経済状況を調べ、貧困の程度によって五つのレベルに分けて各組を評価する（表3―8）。さらに、各組の村民に対して、それぞれの収入、健康状況及び職業に基づき、特困戸、貧困戸、一般戸に分類し（表3―9）、特に貧困家庭に補助金を支給した。

村は貧困な村民をサポートする計画を実施し、各組の貧困家庭リストを作成した。各家庭はその貧困レベルによって、一定の援助金をもらえるようになった。上述した経済面の支援も特困、貧困の村民を中心に実行された（表3―10）。さらに福祉施設を設置し、現在は独身の老人二人が収容されている。この過程において、ほとんどの資金が政府から出されたため、村民は少しの出費で生活や経済面の利益がもたらされた。

4　経済の発展と改革

表 3-8　2001 年Ｓ村各組貧困程度分類

貧困レベル	1	2	3	4	5
貧困総合程度	2.5 以下	2.5 ～ 3.0	3.0 ～ 3.5	3.5 ～ 4.0	4.0 以上
Ｓ村			1 組	2 組、3 組、4 組	5 組、6 組
合計			1	3	2

（出所：村政府資料室の資料より筆者作成）

表 3-9　Ｓ村貧困種類

小組	救済戸	特困戸	貧困戸	一般戸	合計（戸）
特徴	民政待遇	年寄り、病気、	出稼ぎ、養殖	出稼ぎ、商売	
標準（収入）	50 元以下	50 ～ 300 元	300 ～ 700 元	700 元以上	
1 組	1	8	13	3	25
2 組	3	20	42	5	64
3 組	2	18	39	5	64
4 組	4	17	36	5	62
5 組	6	28	77	6	117
6 組	5	30	46	7	88
合計（戸）	21	121	253	31	420

（出所：村政府資料室の資料より筆者作成）

表 3-10　改革プロジェクトに参加する村民分類

項目		改良牛養殖	鶏養殖	羊養殖	林業	漢方薬	苗草	リサイクル加工
規模	特困戸	15	2,000		200	30	5	
	貧困戸	50	5,000	300	1,800	150	15	1
	一般戸	10	3,000		1,200	10		1
	合　計	75	10,000	300	3,200	190	20	2
戸数	特困戸	3	10		2	8	2	
	貧困戸	10	40			30	5	1
	一般戸	2	15			1		1
	合　計	15	65		2	39	7	2

（出所：村政府資料室の資料より筆者作成）

五　農業と出稼ぎ

S村の面積は二四平方キロメートルあり、そのうち森林が面積一・六七平方キロメートル、耕地面積が二・二三平方キロメートル（水田一・一三平方キロメートル、畑一・二平方キロメートル）である。五月は播種の季節である。近年、農産物の種類の単一化現象が現れ、水田では稲、畑では主にトウモロコシを中心に栽培し、自家消費以外の余剰があれば販売する。S村の場合、農作業の負担を軽くするため、二〇一五年、さらに大量の水田を畑に転換するようになった。畑のほとんどにトウモロコシを栽培し、トウモロコシ以外に、スイカを栽培している農家は一軒しかない（写真3―7）。

水田の場合、田植え（写真3―8）は機械による作業と手作業の二つに分けられる。機械作業はより早く安いので、よく利用されている。しかし、水田が狭く、分散する農家はより面倒な手作業をしなければならない。村の中で、田植えの機械を持っている農民は一人しかいない。

毎年、村人は順番を決め、彼を雇って機械作業をおこなってもらう。機械作業の値段は一畝当たり六〇元である。これに対して、手作業の値段は人数ではなく面積で計算し、一畝当たり一六〇元で、比較的高い値段である。

手作業での田植えは四人を二つのペアに分けて作業する。各家は労働力が少ないため、二～三の家が互いに協力する場合もあり、お金で手伝いを雇い入れるケースも徐々に増えている（写真3―9）。

手伝いはほとんどが四〇~五〇歳の女性であり、四人で一チームを作って、バイクや自転車を使って自らの村か隣の村に手伝いに行く。一日大体二畝か三畝を植え、田植えの時期は約二週間で計算すれば、一人当たり約一五〇〇元も稼げる。

田植えのやり方は「拉箱」、「装箱」の順番でおこなう。まず「拉箱」は、二人が水田の両側に立って線を引き、早苗を植える。線と線の間は九〇センチの棒を置いて距離を決める（写真3—10）。つまり、九〇センチの距離を測って、引いた線通りに早苗を植えることが「拉箱」である。そして、後二人は九〇センチの間に、同時に一人が一列の早苗を植えるのを「装箱」という。

これに対して、機械による田植えは、大きな皿の上に育てる早苗を用意し（写真3—11）、それを巻いて田植機の中に入れる。作業は一畝三〇分で終わり、早くて安い。しかし、手植えと比べ、苗が植えられない場合があるので、あとで人がチェックして早苗を入れることが必要である。県政府は農業支援政策により漏水量を抑えるため現場を調査し（写真3—12）、二〇一五年九月からS村の用水の水路のコンクリート化を図っている。

一方、上述した村の改革からもたらされる影響によって、一部の農民は伝統的な農業や作物に限らず、土地を活用して経済価値の高い漢方薬（写真3—13）、花などの栽培をおこなっている。また、鉄鉱採掘（写真3—14）、花卉温室ハウス（写真3—15）、大豆製品加工工場、食器洗浄工場、羊養殖場（写真3—16）などを運営する者も現れた。

5　農業と出稼ぎ

「単干」以降、S村の数多くの朝鮮族は言葉の優位性を利用して韓国へ出稼ぎに行くようになった。最初は、韓国と中国の間には就労政策があった。多くの人はこの政策を活用して、韓国に渡航した。

写真 3-8　田植え（出所：2015 年 5 月 27 日筆者撮影）

写真 3-9　雇い主と手伝い（出所：2015 年 5 月 27 日筆者撮影）

写真 3-11　機器用の早苗（出所：2015 年 5 月 28 日筆者撮影）

写真 3-7　スイカの栽培（出所：2015 年 5 月 27 日筆者撮影）

写真 3-10　拉箱と装箱の道具（出所：2015 年 5 月 27 日筆者撮影）

写真 3-14　鉄鉱採掘場（出所：2015 年 5 月 28 日筆者撮影）

写真 3-15　花卉温室ハウス（出所：村政府資料室提供）

写真 3-16　羊養殖場（出所：2015 年 5 月 28 日筆者撮影）

写真 3-12　水路を調べる現場（出所：2015 年 5 月 28 日筆者撮影）

写真 3-13　漢方薬栽培（出所：2015 年 5 月 28 日筆者撮影）

その後、韓国に行ったことがない朝鮮族が韓国の生活を体験できるようにするために、韓国は新たな政策を打ち出した。それは、申請後、抽選をおこない、当選した者は往復の旅費を負担するだけで、韓国に三～五年間滞在できる。また、韓国に親戚がいる場合は、親戚の招待で行く者もいる。

一方、「婚姻」名目で韓国に出国する朝鮮族女性数は、一九九三年に中国全体で一四六三名だったが、その後急増して一九九六年以降は毎年一万人以上になっていて、すでに総計七万人を超えたと見られる［佐々木　二〇〇一：八三］。S村から韓国に嫁いだ女性も多い。村内で嫁を探す仲介会社も現れた。韓国の嫁ぎ先家庭のほとんどはあまり裕福な家とは言えないが、嫁いで自らはアルバイトすれば、それなりに収入がある。また、嫁の親や兄弟たちも相次いで韓国に行けるという利点もある。韓国に行った朝鮮族のほとんどが飲食店、ホテル、建築などの仕事に従事する肉体労働者であるが、人民元に換算すると、一日あたり六〇〇～七〇〇人民元ほどの収入がある。平均一年間で十万元程度稼げ、家で耕作する何倍もの収入となる。

筆者は現地調査でS村に滞在する間、婦人主任DYQの紹介によって、最初は朝鮮組に属するL氏（女性、五二歳）の家に泊っていた。その後、L氏が韓国へ出稼ぎに行ったため、筆者はまた同じ朝鮮組のK氏夫婦の家に身を寄せた。筆者の面倒を見てくれた家族は韓国への出稼ぎ経験がある家である。ここで、L氏とK氏の事例を挙げ、彼らの出稼ぎの実態を理解することを試みる。

事例1

A（筆者）：いま、どんな仕事をしているのか。

B（L氏）：ずっと外（S村以外の町）に行った。天津、北京、撫順、瀋陽、西塔など全部行った。韓国料理店で漬物作りや料理を作った。

A：みな、どうやって韓国に行ったのか。

B：試験を受けて行った人が多い。試験の後、インターネット（政府のホームページ）で抽選もあって、当たったら行ける。以前は向こうの親戚の招待状で行った。韓国人と結婚する女性も多く、嫁に行けば親、兄弟も行ける。現在はたやすく、勉強すれば行けるようになった。

A：いま、一人暮らしなのか。

B：ええ。夫と息子は韓国にいる。出稼ぎに行っている。

A：夫と息子はどんな仕事をしているのか。一緒にいるのか。

B：息子は二〇〇五年に研修の名目で行った。手続きの費用は六〇〇〇元かかった。最初は三年間行った。家に戻って一年休んで、また申請して二年半行った。また家で半年休んで、今度は三年間在留できる。車の修理の仕事で大変疲れる。給料は月三〇〇万ウオンあり、少なくないが、男の子はあまりうまく貯金できない。これから別の仕事に変わるかもしれないと聞いた。夫は決まっている仕事がないので、仕事がある時だけ働く。給料は当日にその場で計算する。

A：なぜ一緒に行かなかったか。

B：たくさんの親戚が韓国にいる。当時、私も夫と一緒に行こうと思ったが、夫の許可は下りたが、私がダメだった。私も以前一回申請したことがあった。不法親族訪問がばれた。ほとんど成功し、私の名前がすでに韓国に登録されたが、向こうの親戚の名前を間違えた。当時、一人四、五万元の仲介費がかかって、不法親族訪問で行った人が多かった。韓国にいる姪に頼んで入国管理局に聞いたが、五、六年後まだ再審査できるそうだ。私は蘇家屯の韓国人仲介会社を頼んだ。もし成功していたら、五万元の費用を払うつもりだった。五万ぐらいなら一年間に稼げる。

A：まだ行くか。

B：うん、今年も申請を出した。一二月に書類を提出して、許可が下りたら行く。今度は姪がインターネットで申請してくれた。夫は反対だ。なるべく行くなと言った。でも、夫と息子はお金を稼ぐために大変疲れて、私一人だけお金を使うのはよくないと思う。

事例2

A（筆者）：韓国に親戚とかいるのか。

B（K氏）：私たち二人だけ家にいる。五人の子供がいるが、そのうち四人が韓国に行っている。もう一人は瀋陽にいる。

A：韓国にいる子供達とどのぐらい会えるのか。

B：たまに招待状を貰って親族訪問で行く。昨日、長女から電話もあった。

A：いつ行ったか。

B：一九九六年から二〇〇〇年、五年間いた。二年前も行って、二〇日ぐらいいた。最近は行っていない。

A：最初は誰がどうやって行ったのか。

B：昔は貧しかった。最初、次女が韓国へ出稼ぎに行った。その後、電話があって、韓国人と結婚すると言った。しかし、私たちは相手に会ったら、十歳以上年上の人であった。結婚に反対したが、娘は生活の環境を変えたいと言ったから、認めるしかなかった。娘が嫁になって、すぐ私達も韓国に行った。息子達も行った。長男、長女も韓国人と結婚した。そして、みんな安定して、働き、生活もだんだん豊かになった。

A：小組内に韓国に行った人が多いね。

B：ほとんどの朝鮮族はそのようだ。国内でバイトする人は少ない。学歴がある人、安定した仕事がある人は行かないが、残りは大体韓国へ出稼ぎに行った。うちの小組は年寄りと子供ばかりが残されている。

以上の事例によって、少なくとも仲介会社、親族訪問、国際結婚及び国家の就労政策などの四つのルートがあることが分かる。彼らは金を稼ぐために、韓国のホテル、料理店、建築などの肉体労働に従事する。給料は村で農業に従事したり国内で賃労するより確かに多くなる。朝鮮組の中にはL氏の家と同じような家が多く、韓国に親戚がいて、何回も繰り返して長年、出稼ぎに行った人がいる。特に、若い人や中年の人は村に残った親や子どもに仕送りをして、家の生活が豊かにすることを目的にする人が多い。

現在、朝鮮組は一七一人、五五家族がいるが、実際に村に残っているのはわずか四八人である。九〇人は韓国、スペインなどの外国に出かけている。二六人は国内の各地で出稼ぎをしている。街を

表 3-11　非農業人口

年	総人口（人）	非農業人口（人）	非農業人口比率（%）
1996	1,215	21	1.7
1999	1,165	22	1.9
2011	1,587	24	1.5
2012	1,600	24	1.5
2013	1,579	24	1.5

（出所：村政府資料室の資料より筆者作成）

歩くと、五五家族の中で二六家族は誰もいない空き家である。

まだ村に残って農業に従事する家は三家族あり、一〇畝から三〇畝ぐらいの畑を請け負って、トウモロコシを耕作している。組長はほかの畑と水田を合わせて毎畝五〇〇人民元の高い値段で村内と村外の人に賃貸している。長期に出稼ぎしている家に対して、組長は各家の通帳を作り、土地の収入を貯金して、彼らが村に戻ると通帳を渡す。村民にとって、たくさんの出稼ぎによってもたらされた収入は一定の収入に加えて、生活スタイルの変化をもたらした。朝鮮組の村民は生活が比較的に豊かになり、鎮や県にマンションを買った家も少なくない。

以上述べたような農業集団化、「単干」、村の改革時代を体験したS村のある村民は、村の変化と現実を感じさせる事例として以下のような話をした。

人民公社の頃、みな同じような生活を送っていた。いっぱい食べればもう満足し、貧しくて食べ物が足りなかった。春節でさえも、六キログラムの小麦粉しか配られなくて、肉がなかった。各家の条件は有限であり、誰の家にも行かなかった。相手の家に迷惑をかけるからである。

一九八〇年代まではまだ茅屋と草屋ばかりであったが、その後、生活環境には変化が始まった。われわれの村は、一九九〇年代にMJTの就任以降から電力、上下水道などの設備や道路や住宅などが更新した。村の経済はずっと大きく発展できなかった。特別な資源が無いし、土地も広いとは言えない。少し林地を有しているが、大金をもらえるわけがないからである。そして、村の雰囲気は社会の発展とともに変わったような気がする。現在は、経済を中心にしている。過去には皆が無償で手伝ったことも、人を雇って金で済ませるようになった。すべては金を使い、経済社会だからね。

六　小括

一九五〇年代から現在に至るまでの中国は計画経済から市場経済への変化を体験した。本章では、この過程において、農村及び少数民族自治区域として、S村の政治と経済状況がいかに変化してきたか、またその現状を明らかにした。

生産隊時代には、国家は農村に統一購入・販売、城郷二元戸籍制度及び農村人民公社制度などの政策を導入した。そのため、土地は農民の私有制度から集団所有制度へ変化し、社会主義合作関係が新しく作り出され、農民は人民公社制度によって制限されて、自由に仕事を選択できなかった。

一九八〇年代以降、改めて土地制度を改革し、集団と個人の関係に変革が生じた。農民は農業生産、経営の権利を獲得するようになった。村の政治行政に、人民公社に代わって郷政府が成立し、村民委員会を設置した。S村は村委会が成立したが、ほぼ生産隊時代の小隊構成の形式を継続し、七つの小組に変更した。各小組に対する日常管理は村支部と村委会が協力しておこなっている。

農村において、計画経済を支える戸籍制度と計画生育政策が徹底的に推進され、人口の増加と移動が慎重に管理されてきた。近年、戸籍制度をめぐって、戸籍改革がおこなわれた。それは戸籍登録の形式だけではなく、農民の社会的地位、社会保障・サービスの利用、都市と収入格差の減少にも影響を与え、就職・就学などの機会にも関わっている。そして、昔、罰金の形で政府の重要な収入源でもあった計画生育政策は年々緩やかになってきた。二〇一五年、さらに新しい子ども政策が打ち出され、全国の広い範囲内に全面的な「二胎」政策が始まった。この政策は今後のS村にどのような影響をもたらすのか注目し続けたい。

経済面においては、一九九〇年代にS村では村レベルの改革がおこなわれた。この改革は環境整備、経済プロジェクト、貧困扶助計画など広い面に及んで、金銭の援助以外に、村民の生活慣習、生活環境の改善にも大きな効果が表れた。一方、経済プロジェクトの中に、村に導入された経済性の高い作物の栽培や養殖業は、試行錯誤や長期的な持続の困難性が現れるようになってきた。二〇一五年年末、改革の中心であったMJT村長が辞任し、今後、S村の経済発展は新しい試練を迎えると考えられる。

現在、土地から離れた農民で都市や海外へ出稼ぎに行く者が現われた。特に、朝鮮族の中の数多くの人が海外へ出稼ぎに行くブームに巻き込まれるようになった。この現象は朝鮮族のみならず、農村社会全体に見られるが、朝鮮族に対する影響がもっとも顕著である。鄭雅英の研究によると、一九九六年の調査では、全朝鮮族農村人口中の一七～二〇%にあたる三〇万人前後が「離郷」したものと見られ、これは全国農村平均の九%を大きく上回る。延辺州では、九九年に農業人口は三七・八％に減少し、朝鮮族の農村人口の減少は漢族のそれに比べ顕著である［佐々木編　二〇〇一：八二］。

S村の場合、数多くの朝鮮族は言葉の利点や政策の活用などの自らの優位性を利用して、韓国へ出稼ぎに行くようになった。彼らは生活を改善する目的で、繰り返し韓国に行って、長期的に就労している。そして、農民の出稼ぎは村の人口構成、生活様式に影響を与えている。

注

(1) 国による農産品を統一的に購入、販売する政策である。国家が計画的に農産品を生産、購入、分配、販売する政策で、通称定産・定購・定販という。
(2) 工分とは労働点数である。工分の決定方法は、一人に付き労働力の強弱，技術の高低をもとに基礎点を決め，基礎点と一定時間内で実際に労働した質と量を根拠として評議する。工分は生産隊から支給された食糧に相当する分を差し引いて計算するので、実際に手に入る工分は差し引かれた残りの一部分だけである。
(3) 家庭承包制とは農家で請負する生産責任制度、俗称「大包干」と言う。
(4) 生産隊とは、人民公社時代の農村の末端単位である。
(5) 村の戸籍、計画生育及び婦人に関する仕事を担当する。
(6) 書類の管理及び財政の振り替えることを担当する。
(7) 会計・出納・財政の記録・計算・管理の担当者。
(8) 表3―1、3―2のMJTのことである。
(9) 遷入とは入籍のことである。
(10) 遷出とは除籍のことである。
(11) 農業人口とは生計を農業に依存している人の数である。
(12) 非農業人口とは農業以外の商業、工業などに従事する人の数である。

(13) 准遷落戸とは戸籍の登録を許可することである。
(14) 計画生育政策とは「一人っ子政策」とも言う。人口の抑制を目的に一九七〇年代初頭から始まり、一九七八年に国策として位置づけられた。加えて中国では、男性が満二二歳、女性が満二〇歳で結婚することができるが、夫婦が一人だけ出産し、晩婚が提唱され、しかも遅く生むこと、優生が奨励される。
(15) 二胎：第二子。
(16) 農業集団化時代に、各生産隊が所有する自作用の小さな土地や山地のことである。
(17) 家庭聯産承包制とは農家で請負する生産責任制度、俗称「大包干」という。
(18) 単干とは各家庭は単独で生業をすることである。
(19) 五保とは、ここでは五保は五保戸扶養制度このことである。五保戸に認定された世帯に生活資財を支給し、食糧、衣類、住居、医療、葬儀の保障という五つの保障が含まれている。

第四章　満族の信仰

一六一五年、ヌルハチはヘトアラ城を本拠地として政権を樹立すると同時に、「七大廟」の建設を始めた。「七大廟」とは関帝廟、孔廟、堂子[1]、城隍廟、昭忠祠、顕佑宮および地蔵寺という七つの廟宇を含んでおり、その信仰はシャーマニズム、仏教、道教、儒学の多岐に及んでいる。満族の祖先たちは主に原始宗教であるシャーマニズムを信奉していたが、この時期から他の民族の影響を受け、満族の信仰には複雑な変化が起こっていた。そのため、新賓地域をはじめとして、満族の民族全体としての宗教と民間信仰は自らの特徴を形成し始めたと言える。

清王朝以降、中国各地に散居するようになった満族は、その他の民族との長年の共同生活を経て、しだいに彼らの影響を受け、共通性をもつようになった。このようにして宗教上にも大きな変化がおこり、満族の間に、シャーマニズム以外、仏教や道教を信仰し、さらにはキリスト教、イスラム教などを信仰する者も現われるようになった。他方で、満族が集中的に居住しているごく一部の地域だけは依然として自民族の伝統的な民間宗教を維持していた。

一　シャーマニズム

満族の伝統的な信仰は主に超自然力を中心に展開する。信仰としては自然崇拝、トーテム崇拝、祖先崇拝、英雄崇拝を含み、天神、地神、動物神、仏托など複数の神が信奉されている。

満族はシャーマニズムを信奉する民族である。新賓地域にはヌルハチの時にすでに、ヘトアラ城に堂子を建て、シャーマンの儀礼の専門的な場所を提供した。清王朝の宮廷においては、皇室の祭祀を管理するシャーマンを置いていた。シャーマニズムにおける神と信者の関係はまさに当時の皇帝貴族と一般庶民の関係を反映したもので、これは統治者の需要に適合したものであった。ヌルハチはシャーマニズムのこの点を積極的に利用し、宮廷の中に堂子を設立して竿を立て天神を祀り、戦争や国事があるたびに必ずそこで祭祀を行った。その頃から、清王朝宮廷でおこなわれた祭天儀礼はシャーマニズムの一つの重要な儀礼となった。すなわち、祭天儀礼は皇帝が祭祀の執行者であり、清王朝の公的な祭祀であった。庶民はもとより皇室以外の官僚が祭祀に参加することは許されず、民間に堂子を建てることもできなかった。

一方、民間におけるシャーマニズムは宮廷の祭祀と区別されている。各氏族には自らのシャーマンがいて、氏族によって祭祀の内容と祀る神が異なり、主に天・地・山・虎・蛇・狐などがよく信奉されていた。
シャーマンには家シャーマンと野シャーマンの二種類がある。家シャーマンは性別にかかわらず、神に付き添うもののことである。彼らは祭祀のやり方を理解し、決まりを守り抜き、一族の祭祀を執りおこなう。同時に、シャーマンの伝承および養成などの仕事をもする。野シャーマンの場合は、大神の役割を演じ、また跳神シャーマン、抓神シャーマンとも言われる。野シャーマンは神がかりの状態になることができ、村落や個人のために、鬼払い、病気治療、占いなどをおこない、生活問題を解決する。彼らは決まった法衣、神刀、神鼓、腰鈴などの法器を使う。実際の祭祀中には二大神と呼ばれる助手がおり、二大神は野シャーマンの言葉を通訳して、野シャーマンの代わりにみなの質問に答える。

祖先の時代から、満族は天神と祖先を祭祀して福運を祈り、災厄を避けようとする慣習があった。それが清王朝になると、堂子の祭天、祭祖、索羅幹子などの祭祀に発展してきた。その中でも神を祀る祭祀は定期的におこなわれた。特に、秋祭は盛大で厳かに式を執りおこなうものであり、これは満族の代表的な祭祀の一つである。

他方、家祭と野祭というものがある。家祭とは大祭、年祭ともよばれ、三日間かけておこなう最も盛大な祭祀と言える。家祭は祭祖や背灯祭、祭神幹および星祭などの祭りを含んだ総合祭祀である。家シャーマンを祭祀の執行者にし、この祭祀中には家シャーマンが憑霊されない。また、祭祀の対象によって、祭祖と祭天の二つに分けられる。次に、野祭とはシャーマンが憑くことで神を降す祭祀である。祭祀中の供えものは豚を中心にし、シャーマンは満語で祭祀の歌を歌い、一族の平安、来年の豊作を祈る。家祭と野祭以外には、満族の各氏族は毎年一回、祖先の墓に参る。その時間は、旧暦一二月二五日前後、あるいは立冬以降の場合が多い。

新賓地域では、シャーマンの儀礼は民国期まで、まだおこなわれていた。村で誰かが病気にかかった時、災害をこうむった時、または祭りを祝う時などにも、「跳大神」[2]がおこなわれた。昔は娯楽が少なかったこともあり、春節などの祭りの「跳大神」などは村人にとっては出し物のようなものであった。

中華人民共和国が成立して以降、特に文化大革命後には、シャーマニズムを信じる人が少なくなり、シャーマンの儀礼はほぼ消滅したと言える。過去、S村においても跳大神がよく見られたが、文化大革命によってほぼ一掃された。儀礼に使われた道具やそのやり方は、もう以前のようにしっかりおこなうことはできなくなっていた。

シャーマンの儀礼の内容について、『満族社会歴史調査』〔『民族問題五種叢書』遼寧省編輯委員会編 二〇〇九：二一七〕によれば、「朝廷にはシャーマンがあり、皇帝による祭典をおこない、堂子を設置して天神を祀る。一方、民間の祭祖祭祀には、シャーマンは跳神し、神歌を歌い、一年の豊饒を祝い、祖先を感謝する。大祭の際に、豚を三頭屠り、一頭を祖先に祀り、一頭を仏托媽媽[3]に祀り、一頭を索羅幹子に祀る。祭祀は二、三日おこなう。（―中略―）祖先祭祀は祖先板子の前に、供えものや線香を用意し、叩頭してから、領牲[4]をおこなう。その後、屠った豚肉を料理し、祖先に供えて、最後はみんなで食べる」と記載されている。すなわち、かつて満族のシャーマンの儀礼は祭天と祭祖から構成されてかなり複雑な行事であったことがわかる。筆者の新賓地域における調査をこの記載内容と比べると、各家は祭天儀礼を行わなくなっているという点、また各家は祖先祭祀を執りおこなっているが、祭祀中に領牲の儀礼を省略した点が明確となる。

そして、シャーマンに対する認識について、S村の年寄りは子どもの頃に見たシャーマンのことを信じていて、以前のシャーマンは人の病気を治せることや、特殊な能力があると思っていた。しかし、真のシャーマンがいなくなってから、シャーマンの力はよく効かなくなってしまったように感じるという。彼のまわりの人々も信じていたが、あっという間に信じなくなってしまい、現在では、病気になると、まず病院に行って、シャーマンを頼む人はもうほとんど誰もいなくなったと語った。

すなわち、満族のシャーマニズムは変容し、現在では天神を祀る儀礼がおこなわれなくなった。満族のシャーマニズムは辛亥革命の際に壊滅的攻撃を受け、その根幹が揺らいだ。さらに、土地改革および文化大革命時期に祭壇や保家廟が大量に破壊され、跳神シャーマンも取り締まりを受けた。その後から、祭天儀礼はほぼ見られなくなり、跳神シャーマンも徐々に消失していったという。

現在では、観光地において観光客に見せる儀礼を除き、僻地の農村でわずかに病気を治すためのシャーマンの儀礼しか見られないような状態である。ヘトアラ城においてたまにシャーマンの儀礼が上演されることもある。しかし、その踊りの所作や言葉遣いなどは本物ではないと思われている。その意味で、真のシャーマンはほぼ無くなったと言える。とくに、文化大革命以降はシャーマンの術を学ぶ若者もいなくなったため、シャーマニズムは徐々におこなわれなくなっていった。

二　祖先祭祀

満族の祖先祭祀はシャーマニズムの影響を受けつつも、シャーマンの祭祀とは区別されている。祖先祭祀は主に祖先板（写真4―1）と祖墳[5]という二つの対象を中心とした家族共通の行事であり、今日まで残っている。祖先板は通称「老祖宗」といい、祖先や神を象徴する木製長方形の板のことで、ふつう各家の西の部屋の壁に祀られる。各氏族には祭る祖先板の枚数が異なり、皇帝・愛新覚羅氏は最も多くて九枚を揃えている。祖先板は常に天、地、君、親、師などの祖先神、及び蛇、虎、狐などの保家神を代表する。祖先板には掛旗をかけ、掛旗の色は常に各氏族に所属する八旗の色と一致する。また、その上と両側には対聯が付いている。これは毎年、旧暦新年を迎えるため、自分や村の知識人によって書かれたものである。対聯は主に氏族の出身地、祖先への尊敬、家族の幸せなどの内容を伝える。

慣習として、祖先板は旧暦新年の大晦日から正月一五日にかけて族譜と一緒に祀られる。大晦日になると、食事の前、家族は手を洗ってから老祖宗を「請下来[6]」する。まず、肉などの料理とマントウ（蒸しパン）および果物などを供える。蒸しパンは全部で一〇個、それを五個ずつ左右に分けて、それぞれ下には三個ずつ、残った二個は平たい面が合わせて置かれる。一番上の蒸しパンの真中に赤く丸いマークを付ける。かつては自分たちで作ったが、現在ではほぼすべてが店から買った

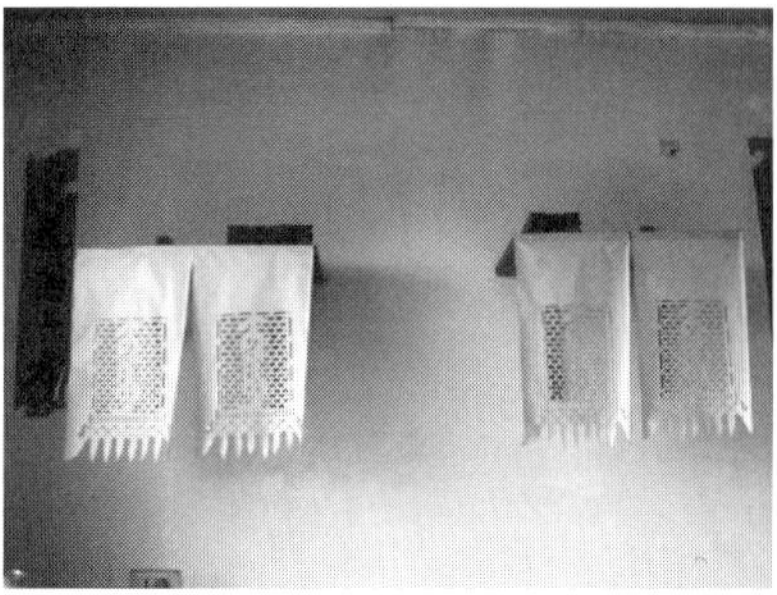
写真 4-1　祖先板（出所：2014 年 11 月 25 日筆者撮影）

写真 4-2　達子香（2014 年 11 月 25 日筆者撮影）

ものであるようだ。その後、老祖宗を降ろすと、長方形の香碗に満族独特の「達子香」（写真4―2）を入れて燃やす。この「達子香」とは、春に山の躑躅《つつじ》の葉を摘み、それを干して粉状にして袋にいれておくものである。新年のとき使うからである。最後は、みなが祖先に祈って三叩頭する。大晦日の夜、餃子や料理などが出来ると、まず老祖宗に差し上げる。そして、正月六日には供えものをやめ老祖宗が上にあるもとの場所にも戻される。一五日の朝、供えものを用意して老祖宗を降ろす。一六日にまた上にあげ、次の大晦日まで祀らない。

満族のあいだでは祖先板は昔からずっと保持され、すべての氏族に祀られるものである。しかし、文化大革命時代に大多数の祖先板が焼失した。そのため、現在、S村において、一部の満族は祖先板を複製し、祖先板を祀り続けている。また、一部の家は祖先板のかわりに、祖先像[7]を作った。この祖先像とは、長方形の赤い紙に氏族や祖先の名前を書き、その両側に祖先の写真を貼ったものである。その紙は木製の枠組みで囲われて、テーブルの上に載せら

表4-1　Z家の信仰の概況

対象	空間	時	作法
祖先	祖先板	春　節	老祖宗の降臨、供え物、線香、祈り、叩頭
	墓　地	春　節	焼紙
		清明節	供え物、仏托、添土、祈り、叩頭
		鬼節（7月15日）	草刈り、焼紙、祈り、叩頭
		寒衣節（10月1日）	焼包袱
		その他（結婚、出産、出国）	供え物、祈り、叩頭
保家神	保家廟	春節	供え物、線香、祈り、叩頭
		鬼節（7月15日）	供え物、線香、祈り、叩頭
		その他	

れている。祖先像を祀るのはとても簡単なもので、ただ春節の時だけに、線香を焚き、果物などを供えることだけで済む。普段は造花を祖先像の左右に置いて飾っている。

一方、満族は現在、毎年四月五日の清明節と旧暦七月一五日の鬼節に、年二回程祖墳へ行って墓参りをする。墓参りは主に草刈の上（墓や周囲に生えている草を刈り放り）、焼紙（紙銭を焚く）または仏托を挿し、供え物、叩頭などの順番で執りおこなわれる。二〇一二年八月三一日に実施した調査の間、ちょうど旧暦七月一五日にあたったため、S村のZ家の墓参りに参加させてもらった。以下では、Z家の例を挙げ、墓参りの様子を見よう（写真4—3）。

Z家は正黄旗に属する清王朝時代の皇室に属し、満族としての姓は福陵覚爾察という。Z家の先祖である徳氏庫は、ヌルハチの祖父である塔克世の兄である。七世祖の班布里はヌルハチとの間に摩擦が生じ、貴族のシンボルであった紅帯子[8]が没収され、墓守りの役を任ぜられ福陵へ追放された。その後、復権して黄帯子[9]を授かり、一〇〇年以上もの間、福陵の墓守りをすることとなった。

ZDY氏（以下、Z氏）は一九四五年に新賓県西堡（現在の永陵鎮）に生まれ、今年六八歳である。Z

氏の曾祖父は永陵における六品医士[10]であった。曾祖父は風水説に通じているため、地相や方角がよい場所を二か所選んで、一族の墓地と家廟を建てた。また、光緒二〇年（一八九四）に『福陵覚爾察氏譜書』を新しく書き写した。その譜書は現在もZ氏の家に保存されている。

Z家の祖墳はS村にあり、Z家一二世からの祖先を埋葬している。毎年四月五日の清明節と旧暦七月一五日の鬼節に、年二回程度墓参りをする。遠距離の地に住んでいて、来られない場合を除いて、ほぼ全員が参加する。旧暦七月一五日に草刈した後、焼紙をおこなうことになる。朝八時頃、筆者はS村におけるZ氏の自宅を訪れた。同行したのはZ氏の弟、いとこおよび甥たち、合わせて九人であった。彼らは鎌と供えものおよび焼紙を自宅から持参し、祖墳に向かった。Z家の祖墳は山の中腹ほどにあり、全体が非常に広い円形状のスペースである。

写真 4-3　Z家の墓参りの様子（出所：2012 年 8 月 31 日筆者撮影）

墓地に着くと、まず草刈りをした。満族の祖墳は常に世代順によって墳の場所を決定する。兄弟は兄から右から左の順番にツバメの羽のような形に並んでいる。Z家の場合には、一番上にある墳は一二世の老祖宗、その下はその息子、次はその孫である。つまり、墳の並びを数えれば、世代が分かるようになっている。また、Z家の祖墳は石碑を建てない。Z家にとって、石碑は墳を探せなかったり見分けられなかったりするのを避けるために、建てられるものである。ここにあるすべての墳はどの祖先に属するものかをみんながよく覚えているため、石碑は建てない。または先祖の時から、ずっと建てなかったため、Z家のような墳には石碑がいらない。Z家の人たちは、もし石碑を建てるならば、墳の脇に、一つだけ大きい碑を建てたいなどと語っていた。

祖墳の中で一番大きな墳はZ氏の曾祖父のものである。この曾祖父は朝廷の六品官吏、医士であった。村人は曾祖父のことをよく覚えているという。十何年か前の夏、曾祖父と高祖父の二つの墳が荒らされたことがあったらしい。その際、むかし埋葬した金銀の耳飾りや首飾り、かんざしなどが盗まれたと言う。そのことを最初は誰もわからなかったが、後に墓参りに来て、はじめて気がついたらしい。しようがなく、その穴を埋めるしかできなかった。

草刈りは上から下への順番でおこなわれる。全員が鎌を使って、墳とそのまわりにある雑草を取り除く。まわりにはいくつかの大きな樹木がきれいに並んでいる。それはZ氏が二〇歳の頃、その父たちと一緒に植えたものである。墳地には枯れた樹木があると縁起がよくないと考えられ、枯れた樹木を見つけると、それを切って運ばなければならないということであった。

草刈りが済んだあと、紙銭を焚くことになる。焼紙はそれぞれの墳一つ一つに対して個別に進行される。買ってきた紙銭に火をつけ、紙銭をすべて燃やして終わる。最後に家族全員で祖墳に向かって祖先に三回叩頭する。Z氏の兄が「人間というのは、こうして一つの世代から次の世代につながるものさ」と語ったのが印象的であった。そして、Z家の慣習によると、墓参りが終わってから、家族全員でZ氏の兄の家に集まって食事会をおこなうことになっている。

一方で、清明節の墓参りには墳に土を盛ったり、「仏托」[11]を挿したりする。清明節の時だけ、祖先の墳に土を加えることが許されるという。一年間経つと、盛られた土が流れて墳の形がかわることがある。墳の形を守るため、毎年の清明節に土を盛る作業がおこなわれるのである。

この土盛りには規則がある。たとえば、閏《うるう》月の年に土を盛るのは禁止されている。また、満族は夫婦合葬が多いが、夫婦のどちらかが先に亡くなると、まず祖墳の中の指定された場所に比較的小さな墳を作って、その相手も亡くなると、円墳[12]に合葬する。円墳にするまで、その墳は土を盛られず、そのままにしておくしかない。調査した時点では、Z氏の伯母の墳は真中が平たくなってしまっていた。しかし、ちょうど閏月の年であり、伯父がまだ生きているため、土を盛ることはできない。だから、Z家は来年の清明節にその墳のまわりの土を少しいじって、高く見えるようにする予定だという。

清明節には鬼節の時のように紙銭を焚かず、墓の真上に「仏托」を挿す。近い祖先の場合、その墳ごとの「仏托」の数は一つずつではなく、墓参りにいく後世の人数に対応するものである。たとえば、親に息子三人、孫一人がいたら、四人分の「仏托」を挿す。一方、現在から遠い世代の祖先の墳の場合は、みんなの気持ちを代表する「仏托」一つだけを挿すという。Z家では、毎年「仏托」は三〇個ぐらい要る。Z氏は「仏托」を作り、兄弟たちがみんな手伝う。Z氏が紙切りの部分を作ると、他のみんなは材料を準備したり、花などを棒に結んだりする。その作製時間は二、三日ぐらいかかるとのことである。

「仏托」を挿すのにはルールがある。世代によって「仏托」の高さが違う。同世代の兄弟の「仏托」は一列に同じ高さで、それより低い列は下の世代のものである。Z氏の父、祖父など近い祖先の墳には「仏托」がだいたい三列に分けられ、五、六個ある。そして、「仏托」を挿し終わると、みんな一緒に三度叩頭する。

現在、S村のほぼすべての満族は四月五日の清明節と旧暦七月一五日の鬼節に、墓参りをおこなう。清明節の際には、果物や酒などを準備した上で、「子孫餃子」と「子孫餑餑(13)」を作ることにしている家もいる。そして、彼らは結婚や出産などのような、重要なことがある時も、墓参りにいく慣習がある。その時、墳の真上に赤い紙を泥の塊で固定する。それは家にめでたいことがあることを象徴するものであるようだ。一方、かつては、祭文を書いたり、子どもを授かるようにと「五指連人」（手を繋ぐ五人模様の切紙）を墓の前に埋めたりすることなどもあったらしいが、現在はあまりとり行わなくなった。

また、清明節と鬼節以外に、祖墳に行って祖先を祭る儀礼もある。ここでは元宵節、春節、寒衣節などの例を挙げる。

旧暦の正月一五日は中国の元宵節で、灯節とも呼ばれる。この日には元宵(14)を食べて灯籠見物をする。どの家でも灯籠をかけ、家を明るくする。昔は、その灯籠は手造りであったが、現在では、ほとんどが市場で売られているものを買ったものである。家で灯籠を飾ることだけではなく、亡くなった祖先の墓にも灯籠を送るという「送灯(15)」の慣習がある。その時の灯籠の作り方は、まず、そばの粉に水を混ぜ、お碗の形のようなものを作り、それを蒸してから、その中に少量の大豆油を入れ、綿でつくった芯を大豆油に入れて端だけを外に出す。その綿で作った芯に火を付けたまま墓に運んで行ったという。現在でも、送灯をまだ続けている満族がいる。しかし、灯籠は昔のような複雑なやり方をやめて、ガラス瓶と蝋燭で作ったもので簡略化するようになった。

一方、春節と旧暦一〇月一日の「寒衣節(16)」にも、紙銭を燃やし、祖墳を祀る。その際は、墓に行くことに拘らないで、家の近くの十字路や河などでも構わないとされているが、必ず墓の方向に向いて焼紙をする。

Z氏の場合は、毎年大晦日に紙銭を用意し、深夜一二時に「接神」をする前に、家族を連れて清永陵前の大きな十字路、あるいは家の前の河に行って紙銭を燃やす。また、旧暦一〇月一日の「寒衣節」は、「寒衣（冬着）」という意味から考えると、先祖に焼紙することが必要である。その日の焼紙は「焼包袱」と呼ばれ、これは、紙で風呂敷を作って、その中に、三角形に折った紙銭を入れるものである。「包袱」は大きな封筒のようなもので、その表紙に墓の場所と先祖の名前を書いて、それを燃やす。その中の紙銭を祖先のところにまで送り届ける意味だと思われる。その数は家によって、異なっている。

大晦日の焼紙および「寒衣節」の「包袱」の時、Z氏は幾つかの先祖の分を用意する。特に、曾祖父、祖父、父、外祖父および義理の父母に焼紙する。紙銭を燃やす際、枝などを使って地面に丸印をつけ、紙銭や「包袱」を丸印の範囲内で燃やす。その時、「外鬼」に「包袱」を奪われないように、丸印の外でも四枚の紙銭を燃やす。紙銭を燃やしながら、「新年（寒い季節）に、金を送りますから、節約すぎないように、よいものを買ってください」のような言葉を述べ、さらに、家族の健康と幸せを祈る。

普段は、同姓の祖先だけのために焼紙をするが、Z氏はZ家の先祖のみならず、外祖父と妻の父母にも焼紙する。特に、普段は外祖父に焼紙する人は多くないが、Z氏は外祖父に可愛がられたということもあって、個人の感情によって、外祖父にも焼紙をすることになった。彼は幼い頃、学校が冬休みや夏休みになると、いつも夏営子にある外祖父の家まで遊びに行った。Z氏はこの外祖父が関帝を信仰した誠実な人間であったという印象が深く残っているという。これらの焼紙について、Z氏は「元々の祖先を祀る儀礼の一つで、それをしたら、安心感があり、やるべきことをしたような気がする」と語った。

三　保家神

祖先板では祖先と共に祀られるのは保家神[17]である。満族は昔から動物神の「胡黄蟒長」（胡は狐、黄はいたち、蟒はうわばみ、長は蛇）及び様々な人物神を信奉している。保家神は一家族とその成員たちだけを守るのに役立つものである。祀りの際に、酒や肉の料理などを供えて保家神を歓待し、家族の幸せを祈る。あるいは、自分の願いごとを保家神に言い伝えて実現することを求める。そして、願いごとによって異なる神を祀っており、複数の神を信じる場合もある。

満族の一部の家では保家神のために、廟を建て専門的な儀礼を執りおこなう。新賓地域の保家廟信仰は一九五〇年代の土地改革及びその後の文化大革命中に、迷信撲滅活動の対象とされ、禁じられた。そのため、新賓地域の保家廟はほとんど破壊されてしまった。八〇年代頃から、国家の宗教政策の緩和とともに、一部分のかつて保家廟を所有していた満族の間で、保家廟を再建する現象が現われるようになった。調査中に筆者が見た保家廟はいずれも新たに築かれたものである。再建する際は、一族の年寄りの記憶によって、保家廟の場所と外観および祀る神々は破壊される前と同じように作られた。その後、保家廟における儀礼も再開されている。

S村において、現存する唯一の保家廟は前述したZ家が所有するものである（写真4―4）。Z家の祖墳から一キロメートルほど離れたところにZ家の「家廟」[18]があり、それは保家廟と通称されている。曾祖父が仙を招いて[19]、場所をきめ保家廟を建てて祀っている。Z家の保家廟の高さは一・五メートル、幅は一メートルぐらいである。廟門はかならず南向きと決まっている。その中には「胡仙」の保家神、胡大太爺、胡二太爺、胡三太爺、胡四太爺の四つの位牌を祀る。廟の対聯は、左から右への順番に読み、「廟小神通大、山高日月明」、「保佑四方」と書かれていた。

写真 4-4　Z 家の保家廟（出所：2012 年 8 月 31 日筆者撮影）

文化大革命の時、「四旧」[20]が破壊された際に、保家廟も壊された。文革が終わると、管理する者が誰もいなかったので、材料を運んできて再建した。Z氏の七番目の伯母は年寄りだったため、いつも保家廟のことを考えていた。「廟がなくなった、なくなった、保家廟がなくなった」とよく言っていたらしい。そのため、保家廟を再建することについてみんなの意見を聞いたが、全員が賛成したという。皆で費用を出しあい、Z氏の弟が工事のことを引き受けた。おじたちはまだ生きていたから、その年寄りたちの記憶によって、保家廟の場所などほとんどすべて以前と同じように再建した。保家廟が建て直されて以降、一族は毎年、祭りをおこなっている。

この保家廟へは新年と旧暦七月一五日の年二回行く必要がある。普通は出嫁した娘は行けないことになっている。旧暦七月一五日に墓参りをする前に、Z家はまず保家廟へ行って、家を護る神様に供え物を供える。供え物は線香と蒸しパン、料理、酒および果物などである。その料理の内容は代々継承され、ずっと同じものである。家ごとに用意するものが異なることもあるが、Z家の場合は豚肉、白菜、豆腐、春雨、鶏の五種類の料理と決められている。果物も五種類で、それぞれ五個あり、下に四個、上に一個置く。料理と果物などが準備されたら、四つの香炉に線香をさし、酒四杯を供える。

写真4-5　保家廟に叩頭するZ氏（出所：2012年8月31日筆者撮影）

後はひざまずき、保家神に祈る。筆者が調査したとき、Z氏は「保家神、Z家族の安全、安定、平和を守ってください」と祈った。最後に保家廟に向けて三回叩頭する（写真4―5）。

Z氏はこの保家廟がZ家の安全を保護し、Z氏一族だけを守っているということを信じている。しかし、保家廟に対する気持ちと、祖墳に対する気持ちは同じものではない。彼にとって、祖墳は自らの祖先である。祖先は完全な家族、親戚だから、保家廟とはやはり異なるもののようである。年寄りはみんな動物神などを信じている。しかし、動物神は見たことはないから、本当とは思えない気がするとも言う。また、Z氏は結婚する前からずっと墓参りに行っていて、祖父や父たちの様子をまね、祭りのことを自然に伝承したらしい。そのやりかたなどについて下の若い世代に話したことはない。彼は「これか

写真 4-6　X 家の保家廟の外観（出所：2012 年 9 月 6 日筆者撮影）

写真 4-7　保家廟に祀られている仏像（出所：2012 年 9 月 6 日筆者撮影）

ら、下の世代は祖先祭祀などをするかどうかが個人の気持ちによって決めればいい」、また「いまの自分はちゃんとすれば、彼らの見本になれるかもしれない」などと語っていた。

普段、保家廟は祀る時期以外、または特殊な願いがない時には、誰も行かない場所である。家族以外の人に公開しない各家の私有物で、それぞれの氏族の専有とされるものである。また、保家廟に祀られる神や儀礼をおこなう期日は氏族の慣習によって異なっている。

例えば、同じ永陵鎮に属するR村においても一つの保家廟を有する（写真4―6）。この保家廟は漢人八旗に所属したX家[21]の持ち物である。煉瓦で造られた長方体の一間程度の廟であるが、見た目にはあまり古く感じられない。保家廟は八〇センチメートルの垣に囲まれ、外に鉄の門があり、普段は鍵を掛ける。保家廟は右の半分には仏像が三体供えられ（写真4―7）、左の半分は眼光娘娘[22]と、胡大太爺、胡二太爺、胡三太爺、胡四太爺、胡五太爺という六つの位牌を祀ってある（写真4―8）。

X家の祖先は永陵鎮に移住した頃から、保家廟を作って仏様を祀っていたが、長い歴史の中で、X家の仏像が破壊され

写真4-8　眼光娘娘と胡仙の位牌（出所：2012年9月6日筆者撮影）

たり、失われたりすることがあった。X家の年寄りの記憶によれば、かつて、仏像は大きな銅の像であったが、戦争中にそれは誰かに盗まれた。しかし、その戦争についての彼の情報はすべて不明のままである。その銅像は彼の物覚えがつき始めたころにはまだあった。盗まれた後は、泥像を作った。いつのころだったか詳しい日時は忘れたが、X家の人々はみんな資金を集めて作ったと語る。しかし、一九五〇年代土地改革の際、政府は迷信に反対し、仏像を拝むことが禁止されたため、その泥像は壊され、保家廟も焼き尽くされてしまった。現在の仏像はその後に作り直したものである。

一九九五年、ヘトアラ城の観光開発を促進するため、県政府はX家が所有する土地を徴用した。その補償として、X家は一定の補償金をもらうほかに、政府が保家廟を再建するという条件を付けた。さらに、当時、政府側は県内の寺廟の再建が進められていることをきっかけに、X家の要求に応じた。X姓一族は各家から資金を集め、保家廟の再建が完成された。

X家の保家廟には仏様と胡仙を同時に祀っていて、それらを供える時期もほとんど同じである。新年、春節、八月一五日などの祝日に、X姓の一族は保家廟に集まり、みんなで線香を焚いたり、供え物を捧げたりする。X姓の各家は時間があり行きたい人がいれば誰でも行ける。供えものは料理、酒、果物、線香などを用意する。経済的に余裕がある家は料理や香などをたくさん供えるが、経済的に苦しい家は線香を焚くだけでもかまわない。料理はいつも白菜、人参、もやし、肉などの炒め物であり、その内容はほぼ毎回同じで変化が少ない。仏様への供えものは精進料理を中心にするものである。これに対して、胡仙の場合は、肉や酒をもって歓待する。酒は三杯を差し上げ、地面に酒を三回注ぐ。みんなは願いごとなどを祈って、叩頭が済むと儀礼が終了する。

X姓一族にとって、旧暦一〇月四日は重要な日である。この日は仏様の誕生日である。同時に、X家の先祖が新賓に移住した日であり、シャーマニズムにおける「抬神[23]」の日でもある。昔、X家は毎年一回みんなが集まり、盛大な祝いがおこなわれた。しかし、保家廟が破壊されたため、それぞれの祝い活動は長く中断されていた。二〇〇〇年からは仏様の誕生日およびシャーマンの「抬神」の祝いが再開できた。この日の祝いは、一般の祭りより、族譜及び祭文を読んで家族の歴史を学び直すという手順を増やす。これは、R村および近い村に住むX家の成員がたくさん出席する家の祭りである。祭り以外の日にも、XH氏は毎朝、家族の代表として保家廟に向かい、線香を焚き、家族一日の安寧を願う。

四　信仰の多様化

満族はモンゴル族および漢族などと長く共住することを通じて、彼らの文化を認め、仏教、道教などを相次いで受け入れた。上述したようにヌルハチは都を建てたと同時に、七大廟をも作り上げた。そして、清王朝の末期になると、西洋文化の影響によって、新賓地域にはイスラム教、キリスト教が伝えられ、少数ではあるが満族の中にもそれらの教徒になる者も現われた。

上述した「七大廟」の中の関帝廟と地蔵寺の二ヵ所は仏教に関連する建築である。当時、ヌルハチが関帝廟を建設した原因について、現地ではいくつかの伝説が伝えられている。ある伝説によれば、戦争中に何度もヌルハチの軍隊は関羽に助けられたことがあるという。実際、ヌルハチは幼いころから漢族文化に通じていたため、関羽という英雄をとても崇拝していた。さらに、ヌルハチは漢族の人々の間での関羽の影響力をよく知っていたので、関帝廟を通じて漢族文化への敬慕を表わしながら、漢族を征服しようという意図を明らかにしたとも言える。さらに規模を広げた関帝廟には関羽とその弟子以外に、釈迦牟尼仏などをも供えている。清王朝時代には、関帝廟は仏教の護法寺として存在していた。

地蔵寺では地蔵菩薩をはじめ、たくさんの菩薩を祀る。かつて、満族は明王朝との戦争が絶えず、犠牲者が多かった。一方、満族は発展するために、人口の増加を切に願っていた。地蔵菩薩信仰では、殺生や禁欲についてとくに禁止がなく、祈願やお礼参りなどをできるため、満族にとって相応しい選択であったと言える。ヌルハチの時代に関帝廟や地蔵寺の繁栄とともに、仏教は新賓地域に広まり、布教者も信者も増えてきた。

民国初期のころ、全県には仏教寺院が三〇ヵ所あり、僧侶六八人がいた。一九三〇年になると、寺院は四三ヵ所に増加し、布教者は男性三一人、女性二人、信者は男性二万九五六四人、女性一万二三六八人に増えた。しかし、新中国成立前に、ほとんどの寺院が破壊され、僧侶たちは還俗させられて、県内にはヘトアラ城の関帝廟しか残されなかった。文化大革命中には、関帝廟も破壊された。一九八〇年代以降、民族政策の緩和によって、新賓満族自治県の仏教は徐々に発展しつつあり、仏教の回復運動を起こし、普覚寺を再建する活動があった。

文化大革命時代、関帝廟が取り壊され、僧侶の隆海、昌徳らは激しい非難をうけた。一九八〇年代初期になると、国の政策はやや緩和され、観世音像を買って帰り、自宅でこっそり観世音像を拝む人が現れた。やがて仏教信者たちが次々とあつまり、観世音像を拝み始めた。そうした後、昔からの信者や関帝廟から追い出された僧侶たちと連絡を取り合うようになった彼らは県政府に行き、仏教協会成立の申請をした。県長たちともよく相談したが反対され、結局、県政府に無視され、応援を得られなかった。しかし、絶対に禁止するとも言われなかったので、自分たちで民間の仏教協会を設立しようとして準備し続けた。

民間仏教協会の影響力が次第に大きくなってくると同時に、信者たちの行動は政府の注目を招くようになり、撫順市安保組（当時の警察）へ呼び出された。それは皆に恐怖を与えたらしい。安保組の人々は彼らの言い分を聞くと、それほど悪い態度ではなくなった。安保組は彼らの状況を省政府に報告し、仏教協会成立が許可された。しかし、最初の名称は仏教協会ではなく、寺院管理委員会というものであった。

その後、皆で資金を集め、仏像を奉納することにした。一九九〇年、浙江省天台山に、釈迦牟尼仏像、観世音菩薩像、地蔵王菩薩像、薬師仏像など七つの仏像を注文した。その当時の価格は一体三六一〇元で、あわせて二万五二七〇元かかった。この資金は主に信者の寄付によるものであったが、一部分は借金もした。寄付金の一番多い人は一〇〇〇元出した。

一九八九年に寺院管理委員会が成立して以降、信者たちは廟の日常管理の手伝いをしてきた。彼ら

写真 4-9　仏壇（出所：2012 年 9 月 7 日筆者撮影）

は毎日、居士服を着用し、お経を学んだ。また、仏殿で儀礼をおこなう際に、法器を使ったり、念仏を唱えたりした。最初は廟の経済状況はあまりよくなかった。彼らは部屋も一間一間増築し、資金を大切に使っていった。

一九九三年になると、国の規定によって、寺院管理委員会を仏教協会に改組し、全県の寺院を管理するようになった。新賓県で第一回仏教協会代表大会を開き、ついに正式に仏教協会を設立することができた。さらに、関帝廟を「普覚寺[25]」と改名した。

満族の仏教は寺院に入って僧侶になる人より、自宅で修業をする居士のほうが多いという特徴がある。数多くの居士の仏教信仰は、自分の家の仏堂における日常的行動および寺院における非日常的参拝活動の両方を通じて実現している。仏堂には釈迦牟尼仏、弥勒仏、観世音菩薩、千手観世音菩薩、地蔵王菩薩などの仏像を安置している。また、仏壇には香炉や蝋燭、果物、花および金などの道具を揃えている（写真4―9）。それらの仏像は金めっき像や銅像および紙の「本人顕現図[26]」などである。そして、仏像に供えるものとしては普通、果物と花である。新鮮な果物を買うと、その中からまずきれいなものを一つか二つ選んで供える。また、毎朝、起床すると手を洗い、線香を焚く。線香の挿し方は、普通は三本だが、何か頼みごとがある時には、四本を同じ高さに合わせて香炉に挿す。線香と線香の間の距離は一寸以内と決まっている。その後、円座に跪き、まず手を合わせ、手のひらをひるがえし、一回叩頭する。それを三回繰り返す。

また、寺院でおこなわれる法会にも参加している。特に、調査地において観世音菩薩に関する法会が多い。たとえば、二月一九日の観世音菩薩の誕生日、六月一九日の観世音菩薩の成仏、九月一九日の観世音菩薩の出家などの日には必ず参拝することになる。法会に参加する際、仏像を拝んだり、線香を焚き叩頭をしたりする。また、何か頼みごとがあれば、祈りもできる。参拝が終わると、参拝者はみんなで寺院の中でテーブルを囲んで食事会をする。また、七月一五日は仏教の「諸仏歓喜日」である。その日になると、教徒たちは必ず寺院を訪ね、線香を差し上げ、祭りを祝うとのことである。

現在、全県にはヘトアラ城の普覚寺（旧関帝廟）、新賓市街の三覚寺（写真4―10）およびヘトアラ城の地蔵寺、木奇鎮の双霊寺などの寺院がある。それぞれの寺院は県内の廟会などの仏教活動をおこなう重要な場所となっている。信者の数は約三八〇〇人である。

写真 4-10　三覚寺の仏堂（出所：2012 年 9 月 7 日筆者撮影）

道教については、ヌルハチはヘトアラ城の東門に顕佑宮を作り上げた。顕佑宮は規模が大きく、供える神像も数多くあった。それ以降、道教は新賓県に広がり始めた。一九二五年、県内に道教の寺院は二〇ヵ所、信者は七七人いた。一九三六年になると、寺院は二一ヵ所、布教者は男性六一人、女性一人、信者は男性二八九二人、女性一三二人がいた。新中国成立後、文化大革命中に、迷信を除去するため、県内の寺院が壊され、道士は還俗させられた。一九九八年になると、遼寧省人民政府の同意によって、県の満族自治政府は顕佑宮を元の場所に復元した。今日の顕佑宮は総面積三五〇〇平方メートルで、建築面積は七九八・八平方メートルであり、ほぼ歴史的な原形を保っている。現在、宮内には常住道士がおり、信者は三〇二人いる。

キリスト教は一八九三年に新賓地域に伝えられ、約翰・羅斯牧師（John Ross）は田福志を新賓堡に派遣し布教させた。そして、一八九七年前後、永陵と旺清門に二つの教会が設立された。一九一〇年になると県内のキリスト教徒はすでに九〇〇人を超えた。二〇世紀二〇年代に入り、新賓県には教堂が三つ、活動地が七つでき、牧師など教会で働く人が一八名を数えるようになった。さらに、新賓堡にキリスト教の大聖堂が建てられ、南満教区の主教が新賓に移動してきた。キリスト教がもっとも流行った時期には、教徒は千人近くにのぼり、教区内に取締役会が設置されて布教、財務、教育および経済という四つの部門に分けられた。

第二次世界大戦期に入ると、外国人牧師は帰国し、教会活動はやむなく中止した。一九四三年に、白牧師が新賓に来て布教活動が再開されるようになった。土地改革（一九五〇年）の頃には、新賓県のキリスト教徒は二〇〇人以上に達した。中華人民共和国成立初期、県内でおこなわれるキリスト教活動は一時停止されたことがある。共産党の第十三届三中全会以降（一九八八年）、新賓県にキリスト教三自愛国運動委員会（自治、自養、自伝）が設立され、教徒は礼拝をはじめ、教堂では祈り、聖餐式などの活動を定期的に執り行った。二〇〇二年まで、新賓県にはキリスト教堂が五ヵ所、活動地が二九ヵ所、牧師一人、布教師五人、教徒は四七〇〇人いたが、その内訳は朝鮮族出身者が大多数を占め、満族出身の教徒は多くなかった［郝　二〇〇八：一五六―一五七］。

満族固有の信仰は、起源が古く、民族の各面に浸透して影響をもたらしたシャーマニズムである。しかし、長い歴史的経過の間に人々の精神世界を支配してきたこの原始宗教に加えて、仏教・道教・儒教などが受容され、さらには医療や生活環境の進歩に伴って、シャーマニズムはかつての権威と機能を失い、日常生活中においてその姿は滅びてしまった。とはいえ、かつて家シャーマンによって執りおこなわれていた祖先祭祀は、シャーマンがいなくなっても残されている。それは、民間信仰と伝統宗教の仏教や道教、および現代宗教のキリスト教、イスラム教などと併存、あるいは融合しながら、発展してきた。

五　信仰の実態と変遷

調査事例を踏まえると、満族の信仰は中国の幾つかの歴史的ポイントにおいて、柔軟に転換し、変容しながら今日のような姿に辿りついたのではないかと思われる。その歴史的ポイントとは、辛亥革命、土地改革、文化大革命、改革開放であり、これらの時期と呼応するかのように、満族の信仰は大きな変容を見せた。それぞれの歴史的変遷によって彼らにもたらされた影響は政治的・経済的、また生活面にとどまらず、彼らの精神的、内面的世界にまでも及んでいったとも言える。

現在、日常生活でおこなわれている満族の信仰活動は、主に仏教などの伝統宗教と祖先祭祀や保家廟信仰などの民間信仰に大別される。まず、満族にとって、祖先祭祀は不可欠の信仰活動であることが分かる。祖先祭祀については、屋内に祖先板子を設置するか祖先像を祀ること、および墓参りの両方ともおこなっている。かつては、満族はどの家も屋内に祖先板子を設置していたが、土地改革や文化大革命の時期にほとんど、どの祖先板子も破壊されたり、焼失されたりしてしまったようである。しかし、土地改革や文化大革命の混乱時期でも、Z家は祖先板子と族譜を秘かに隠し通し、完全な形で保存して、現在では再びそれを祀り、達子香を作っている。このような家は、満族の中でも一部でしかない。大部分の家では、祖先板子や族譜を保存するどころか修復することさえできずにいる。その代わりとして、簡単ではあるが、祖先像や譜単などを作ってそれらを祀る。こうした家が多く見られる。

祖先祭祀の中でもっとも重要な行事と言えば、一族の墓参りである。以前、大家族の集団生活を営んでいた満族はみな祖墳の地を有している。現在でも、墓参りは清明節と旧暦七月一五日の年二回に決まっている。また、墓参りの儀礼も昔とほぼ同じようにおこなわれている。主に、掃除、供え物、祈り、叩頭の順番で展開されている。清明節では墓の掃除と土盛りをした後、墓に仏托を挿す。清明節の仏托は満族の墓参りのシンボルと言えよう。一方、旧暦七月一五日には草刈りをし、紙銭を燃やす。また、上の特定の時期でなくても、家に重要なことがある時にも、墓参りにいって家の先祖たちに大事なことを報告し、祝福や守護などを祈り求める。

そして、各家が準備した料理の内容や供え物の数などは細かな点にいたるまで毎年同じようにして、あまり変化がない。例えば、Z家の例を挙げれば、その料理の内容は代々、豚肉、白菜、豆腐、春雨、鶏の五種類の料理と決められている。ちなみに、供え物の蒸しパン（マントウ）は一五個であり、漢族の一〇個と区別している。これらのことから、祖先祭祀の墓参りは、時間的経過があっても、また三家の間でもほとんど、同じようにおこなわれていることが分かる。

ところで、各氏族が儀礼を執りおこなう際に、共通するルールがないこと、また、儀礼を執りおこなう人が明確に指定されていないのは、一見、不思議なことである。かつて、一族の祭祀の儀礼と日常管理はシャーマンによって専門的におこなわれていた。古来、氏族にとってシャーマンは重要な存在であった。また、族譜や祭文の中に一族の儀礼の作法が記載されていて、複雑な規則を確かめるために参考とした。しかし、現在、満族全体や各氏族が祖先や神を祀る時も、シャーマンのような儀礼を執行する中心人物が存在せず、文字化された決まりや慣習もほぼない。そのため、調査中、Z家の墓参りでは、家の年配者、例えばZ氏が主に儀礼の準備をしたり、家族成員たちを集めたりしていた。しかし他方で、儀礼中、年配者たちが参加者の行動や儀礼進行の様子をとくに制約したりはしない。参加者はみなで協力して共同で儀礼を進めていた。参加するメンバーや祈りの言葉遣いにもとくに拘りがないようだ。祭祀に参加するかどうかも明確な決まりがないし、やり方を間違えても実際の処罰を受けることもない。そのため、見た目には祭祀の形式は比較的に自由で、気持ちを伝えることが主な目的のように見える。

各氏族間の信仰の内容はほぼ重なっていて、儀礼の形式もほぼ同じであるが、儀礼の詳細なやり方は統一されていない。同じ信仰でも、儀礼の時期や祀る神の違いのような明確な違いもあれば、料理や供え物の内容など細かな差異もある。このことは、過去においては皆ほぼ同じことをしていたが、家の慣習、あるいは祀る神の性格によって、それぞれに変容し、儀礼に力を入れる側面も異なっていったと考えられる。それぞれに自らの慣習として、今日まで残っているのではないか。

これまで述べてきたように、新賓地域は満族にとって特別な地域である。したがって、新賓地域の満族研究にはその背後に存在するこの地域の歴史的背景を考慮しなければならない。信仰においても例外ではない。第一に、新賓地域はヌルハチの祖先を葬った永陵があり、聖地とも言える場所である、同時に、前清政権などの所在地であって、常に政治的中心地にあり、統治者からの宗教政策はこの新賓地域ではいつも直截に反映されていたことがあげられる。そして、第二に、新賓地域は、ヌルハチをめぐる英雄崇拝がおこなわれていて、当地の自然環境から生まれた動物神崇拝など、特有の民間信仰が形成されてきた。それらが、新賓地域の信仰の実態が満族全体の信仰の形成に深い影響を及ぼしたことも考慮すべき点としてあげられる。本節では、新賓地域のこのような歴史的背景を踏まえて、上述した実態に加え、その宗教と民間信仰の特徴についても論究したい。

その特徴の第一として挙げられるものは、信仰が互いに融合しているように見えることである。上述したように、各氏族は同時に複数の信仰を持っていることが分かった。この場合、複数の宗教が同時におこなわれていることや多種多様な信仰が同時に信仰されていること、それにとどまらず、信仰の間でも、相互補完するように信奉されていることである。以下に各家の事例を検証しながら、この点について実証しよう。

Z家の場合、保家神信仰と祖先祭祀が繋がっている。保家廟と祖墳の地はともにZ氏の曾祖父によって、それぞれの祭祀場所が決定され、同時に建てられている。そして、旧暦七月一五日の鬼節という、同じ日に両方とも祀られる。参拝の後先の順序はとくに決められていないが、普段はまず保家廟に行ってから、墓参りをする場合が多いとのことである。また、祀る際に、用意する料理も同じものである。先に一つの儀礼（保家廟）が終了すると、そこで供えた料理をそのまま次の儀礼（墓参り）の時にも再度使用する。つまり、同じ料理で保家神と先祖をまかなうのである。

そして、保家廟の話をする時、Z家の人々はいつも曾祖父のことを思い出す。Z氏によれば、曾祖父は清朝の官吏だった人で、Z家の中心的存在である。さらに、彼は医術や風水学などにも通暁し、当地でも有名な人であったらしい。現在のZ氏たちにとっても、彼は有能な先祖であり家族の誇りのような存在である。この曾祖父を通じて、保家廟と祖先祭祀が結び付けられている。保家神信仰は家の先祖たちを信仰するものであるが、とくにZ氏の家ではこの曾祖父に対する崇拝を示す。保家廟は特別な能力を持った先祖によって建てられ、一族を守るものである。すなわち、保家廟を祀る時には、その中の動物神の助けはもちろん、祖先からも助けられると考えられている。つまり、Z家の動物神信仰は祖先によって生まれ、それを祀る時、自然に祖先を連想し、祖先も自分を守る存在となる。このように、Z家では曾祖父が先祖を代表するような存在であり、この存在によって、動物神信仰と祖先に対する思いが繋がっていると言える。

J氏の場合は、仏教と保家神は、一族の歴史と結び付けられる。X家に伝わる二つの物語は、先祖と仏様および保家神と仏様の間の密接なつながりについて、X家独自の解釈を施している。彼らにとって、旧暦一〇月四日は先祖・仏様・保家神の日である。その日に保家廟でおこなわれる祭祀は家の新しい道を切り開いてくれた祖先に対する記憶、祖先をこの地に導き、家の隆盛をもたらしてくれた仏様に対する記憶、さらに家族の平安を守る保家神に対する記憶が含まれているという。したがって、X家の保家廟には仏様と保家神を一緒に祀るという現象が見られる。つまり、X家は先祖を通じて、仏教と保家神信仰が交錯しあいながら同時に信仰されているのである。

第二の特徴は、満族は、祭祀儀礼の面において、一族から無意識的な形で伝承され、それを模倣していくという方式を採る一面があり、信仰については、家族の影響が強いということである。各家の儀礼には長く続けられているものが見られる。しかし、現在では家の中に儀礼を監督する立場の人が存在せず、作法を明確に示す参照できるような文字もないという状態である。また、実際の生活では、家の年配者が祭祀の儀礼を若い世代に教え伝えるというような慣習も規定されていない。彼らは知らず知らずのうちに、上の世代の行為を見聞きし、見聞きしたものを模倣し、その影響を受け継いでいる。一方、年配者の方では、Z氏も述べたように「いまの自分がちゃんとすれば、彼らの見本になれるかもしれない」という気持ちをこめて、真剣に祖先や神を祀る。このような環境の中で、それぞれの祭祀は個人の考えや気持ちによって決められており、無意識のうちに伝承されている。

また、現在の祭祀儀礼の形式について見ると、個人や家族的行為と一族集団的行為の二つの実践的パターンに分けられる。一族を単位にする祭祀は、主に墓参りと保家廟が中心におこなわれている。これに対して、個人や家族を単位にする信仰活動とは、祖先祭祀の祖先板子、祖先像、仏教のような仏堂や寺院の参拝などを中心にするものである。この場合は、上の世代からの影響、とくに親や配偶者からの影響がはっきり見てとれ、祖先板子、祖先像、仏堂や寺院のうちの何を重要視するかは各個人の選択であり、家族内で発展し伝承される。すなわち、この個人的行為と家族集団的行為の両方の形成と実践はいずれも家族からの影響が強い。宗教や信仰における家族集団的行為の形成と実践は、個人的行為の基盤となっていると考えられる。

たとえば、Z氏の父は当時の知識人であったため、宗教や迷信などを信じなかった。Z氏はその父の影響を受け、仏教などの宗教を全く信じなかった。また、X家では祖先から仏教を信じていて、ほぼ全員が仏教を受け入れている。

さらに、調査事例から見られる満族の信仰の歴史的変容に焦点を絞って論述していく。

まず、満族のシャーマニズムに対する顕著な変化である。満族のシャーマニズムの変化について、覃［一九九三：一三］は「満族の貴族支配階級の利用と保護奨励によってそれは発展したが、仏・道・儒などの影響を受け、また支配階級の腐敗堕落に伴って、形式内容も完全に衰えた」と論述している。覃の主張は、シャーマニズムはヌルハチの頃から貴族支配階級の利用と保護奨励策によって発展したこと、清朝時代には仏・道・儒などの影響、および支配階級の腐敗堕落によって完全に衰微したことを挙げている。確かに覃の主張のように、現在では、形式上各家に儀礼をおこなうシャーマン、及び村全体の跳神シャーマンは完全に無くなった。

しかし、長い時間をかけて満族の人々の精神の奥深くにまで浸透し続けてきたシャーマニズムは、社会的体制・政治的混乱に遭遇して変容はあったものの、決して完全に息が絶えるものではなかった。確かに、昔のものと比べて一部分の原始性を喪失してしまったが、日常生活においても各家は相変わらず自らの伝統に依拠し、共同に祖先祭祀をおこなっている。とくに、祖先祭祀は、昔のシャーマニズムの一環という、はっきりと意識化されてはいなくても、シャーマニズムから深い影響を受けたことは間違いないと言える。また、Z家とX家のように保家廟を有する家では胡仙などを祀り、動物信仰を信奉する例も残っているという点も注意したい。

第二の変容は祖先祭祀における、先祖に対する感情の変化である。満族の祖先祭祀に関する先行研究には、大山［一九五二］と小熊［一九九六］の研究がある。大山［一九五二：二五］の研究は過去の儀礼作法を再現したものである。小熊は本稿と同じく新賓地域で一九九三年に調査をおこなっている。小熊は、大山の研究に基づいて、祖先祭祀に関して次のように分析している。「満州旗人の一般的意識によれば、朝祭・夕祭ともに祖宗を祭るのが主である。竿を立つる以て天を祭る。すなわち天と祖宗とを祭り以て天恵神福を祈る。（中略）庭先に立てた神竿あるいは索羅幹子を通して天を祀ることになる。このように、満族の家祭は、同姓一族が自らの祖先と天を祀ることによって、一族の現世での幸福を祈り、願うことを目的としている。」［小熊一九九六：一三〇―一三二］。これによれば、満族は祖先と天をともに神と見なし、祖先祭祀を通じて祖先の力を借りて、家族の安否や現世利益を求める。すなわち、彼らが祖先崇拝をおこなう主な目的は、現世利益を願うためであるとしている。しかし、これは、本稿の調査における中心的人物の語った内容と比べると、祖先をどのように捉えているかという点において異なりが見られる。

例えば、Z氏の場合、保家廟が依然としてZ家の安全を保護するものであることは信じているが、彼は保家廟に対する気持ちと、祖墳に対する気持ちは同じものではないと明白に述べている。すなわち、彼にとって、祖墳は自らの祖先である。そういった意味では、この祖先は完全な家族、親戚そのものであり、保家廟はそれとは異なり、神に近い存在だという意識があるようだという。また、焼紙について、Z氏は「元々の祖先を祀る儀礼の一つで、それをしたら、安心感があり、やるべきことをしたような気がする」とも語った。彼は若い頃からずっと墓参りを欠かさず、先祖を祀ることが一種の義務だと考え、後世の見本になることをも望んでいる。

以上をまとめると、今日の祖先祭祀の実践は、単なる昔の一部分の儀礼が省略されたものではなく、その意味においても変化が起こっているのである。彼らは墓参りをする時など、いつも通りに家族の幸福を祈るのであるが、祭祀をおこなう目的は現世での利益を求めるための祖先崇拝にとどまらない。祖先板子を祀り、墓参りをおこなうのには亡くなった家族に対する懐かしさのためであったり、親孝行として必要な行動でもあったりと考えられている。

ところで、劉正愛［二〇〇六］は新賓地域の保家神信仰が家族と深く関わっているという特徴を指摘し、祖先祭祀と保家神信仰の関係について次のように分析している。すなわち、「X姓と富姓の共通点はいずれも、祖先祭祀よりも、祖先をこの地に導き、守護してきたといわれる保家神への祭祀が重要視されており、日常生活における吉凶禍福を左右するのは祖先よりも、保家仙であると認識している点である」［劉　二〇〇六：二二六―二二七］。劉は祖先祭祀より保家廟信仰の価値がより高いものであると指摘するが、上述したように、満族にとって、祖先祭祀は先祖たちに対する追憶と感謝の念を表わしたいという願いを満足させるものである。他方で、保家廟などの動物神信仰は依然として、一族を保護することを祈るための実践である。祖先祭祀に対する気持ちが変化して、彼らはその両方とも重要視している。これは、祖先祭祀と保家廟信仰はどちらがより重要なものかというより、両者に求めるものが違い、果たす機能が異なっているからである。

満族の信仰は社会環境の変化に応じて変容し続けている。シャーマニズムはその形式内容が完全に衰えたと言われたが、新賓地域にそれに深く繋がる祖先祭祀および保家神信仰などは今なお生きていて、一部の満族の間で復活している。筆者は、現代社会におけるこのような民間信仰は、彼らの精神世界の支えになっているのではないかと考える。過去、戦争が頻発し、生活条件が制限されていたことによって、満族は天神と祖先の助けを借りて家族の幸福を求めるという慣習があった。現在は、祭天のような儀礼を止め、祖先に対する認識は神であると同時に、亡くなった家族の一人としての存在でもあると思われるようになった。つまり、時代の変化に伴って、満族は宗教と民間信仰の内容と形式のどちらも再構成している。この過程において、家の伝統と自らの生活と感情を合わせ、それらを意識しながら満族の伝統に従って儀礼を実践している彼らの姿が捉えることができるのである。

六　小括

多民族国家である中国において、宗教と民間信仰はそれぞれの民族によって多様である。例えば、満族はかつて原始宗教シャーマニズムを信奉しており、濃厚な民族的色彩を持っていた。それが、中国全土を統治支配する政権を作り上げてゆくにしたがって、満族はモンゴル族や漢族などの文化と接触し、仏教、道教などの宗教を相次いで積極的に受け入れていった。清王朝末期になると、満族はその信仰の中にキリスト教、イスラム教などをも納め、外来の諸神とも柔軟に対処した。

他方で、現代中国社会において、特に中華人民共和国成立以降の急激な社会的変遷と国家政策の変革によって、満族の信仰は大きな変貌を遂げてきた。すなわち、国家的規模で継続的におこなわれてきた迷信撲滅運動の結果、満族のシャーマニズムは次第に衰退し、それぞれの信仰活動は一時的に停止された時期もあった。一九八〇年代以来、国家の新しい宗教政策が打ち出され始めると、一部の祭祀儀礼は復活する傾向が見られた。

6　小括

本章は、満族信仰の様相を考察することに力を注いだ。現在の満族の祭祀儀礼は、主に仏教などの伝統宗教と祖先祭祀や保家廟信仰などの民間信仰の二者を中心に実践している。信仰の対象は単一的なものではなく、常に仏教と胡仙をはじめとした複数の神である。祖先祭祀は、祖先板子、祖先像、墓参り、焼紙などの形式から構成されている。また、一部の満族の中で、保家廟を再建し、保家神を祀る儀礼も再開されるようになった。儀礼の再開の過程において、元々の様子を追求する内容と変形した内容の両方がともに見られる。

実際、伝統的な祭祀儀礼の復活はすべてが過去の作法を追求し、完全に再現することではなく、その中のある部分が調整されたものが見られる。その場合、各家の慣習、あるいは祀る神の性格にしたがって、儀礼に力を入れる側面も異なっている。また、祭祀儀礼に対する感情について、彼らは昔と同じように神様や祖先を崇拝する原始性を表わしている一方で、安心感と責任感を満たしたいという要求も新たに表れている。

満族の祭祀儀礼は内容も目的も、周辺の漢族と大きく異なる。満族は大きな祖墳の地を有し、清明節の仏托、墓参りの供え物、寒衣節の焼包袱、屋内に祀る祖先板子・祖先像などは共有していて、自らの特徴であると言える。保家廟は一族の私有物であり、保家神を通じて一族の平安と幸福を保護することを願ったり、過去の伝統を守り、同姓一族の繋がりを確かめたりをすることもできる。その点も漢族の保家廟、祠堂と区別されている。

以上を踏まえ、時代の変化に伴って、満族信仰の内容と形式のどちらも再構成されている。それを復活する過程において、満族の人々は各家の伝統と自らの現実と認識を合わせ、それらを意識しながら満族の伝統に従って儀礼を進行、再開している。満族の信仰は今日の満族を代表する特徴の一つであり、彼らの伝統的な祖先や神を守り続けようとする保守的思いを持ちながら、社会的発展に応じて変遷し融合し続けようとする性格を見せている。

注

（1）堂子とは祭神殿と円殿と呼ばれる二つの南北に向かい合う神殿である。
（2）「跳大神」とは病気を治すために加持祈祷するシャーマン儀礼の一つ。
（3）万暦媽媽とも呼ばれ、子孫の繁栄を保護する満族の女性神である。
（4）祭祀の一つである。豚の耳に酒を注ぎこみ、豚の頭を振れば、祖先に伝えられ、領牲が成功する。
（5）祖墳とは祖先を葬る墓のこと。
（6）香板を壁から降ろすこと。
（7）祖先像とは、祖先を描いた民間の絵画。祖先祭祀の一種。
（8）紅帯子は赤色の帯のこと。清王朝の皇室は自らの特殊な身分を表わすため、愛新覚羅家に紅帯子、他の皇室に黄帯子を授けた。

（9）腰に締める帯であり、貴族の身分を象徴する。
（10）品とは清王朝官位の等級のこと、医士とは皇室の医師のことである。
（11）円墳とは、円形の墓のこと。円墳儀礼とは、葬式の際に墓に土盛りをする儀礼のこと。
（12）清明節には墓参りをおこなうが、紙銭を燃やさず、墓の上に五色の紙で作る「仏托」を挿す。この祖先祭祀の慣習は今日まで残っている。「仏托」は「仏頭」とも呼ばれ、満語の「fodo」の音を漢字に表したものである。満族独特の儀式であり、女神「仏托媽媽」を象徴したものと言われている。
（13）清明節の供えものとして、S氏の家では餃子とお菓子を作る。その供え物は子孫餃子、子孫餑餑と呼ばれ、子孫を守ると考えられている。
（14）元宵とはもち米の粉で作ったあん入りだんごのこと。
（15）「送灯」とは先祖の墓に灯籠を送る慣習のこと。
（16）寒衣節とは旧暦一〇月一日に、寒い冬を過ごすため、亡くなった祖先に紙で作った「衣装」を送る慣習のこと。
（17）保家仙。家を守る神のこと。
（18）「家廟」は祖先を祀るために建てた廟のこと。
（19）仙とは神のこと。
（20）「四旧」とは旧思想、旧文化、旧風俗、旧慣習のこと。
（21）X家は元々、漢族であったが、満洲八旗に随旗し、鑲紅旗に属している。昔は江蘇揚州に居住していた、順治八年（一六五一）に先祖の徐頂国が皇帝から東北へ流刑に処されて新賓県R村に移住することとなった。昔、村は主にX家、L家及びU家の三つの大家から構成されていた。X家は大きな家族で、そこは、かつて朝廷の荘園を管理していたことがある。一九〇〇年に編纂された族譜には、明王朝時代、徐頂国は朝廷で兵部尚書などの職を務めていたが、李自成が北京を攻め落とした後、牢獄に入れられた。順治八年（一六五一）、徐頂国は新賓のヘトアラ城に流放され、まもなく病死した。徐頂国の息子の徐克成は非常に優秀で、国の官吏になって旗人の身分を得た。徐克成は朝廷から第三六番目の庄頭を任命され、「黄馬掛」をも持っていた、と記録されている。

(22) 眼光娘娘とはもともと人の目を守る神から多くの病気を治す神となった。
(23) 抬神とは神を祀ることによって来年の豊作や幸福を祈る祭祀のこと。
(24) 関帝廟とは関羽を祀る廟のこと。
(25) 「普覚寺」は寺名。平凡な人でも悟りが開けるという意味。
(26) 「本人顕現図」とは仏様が顕現したときの写真。査氏の家にある本人顕現図は観世音部薩が一九九三年六月一九日五台山に現われたときの写真であると言われている。

第五章　氏族組織

満族社会を構成する最も重要な要素の一つは氏族組織である。彼らの氏族組織は前章に論述した満族の信仰と緊密に繋がっている。そして、満族の信仰と同様、一九五〇年代の土地改革をはじめ、満族の伝統的な氏族組織は政治的、経済的環境の変化に深い影響を受けて顕著な変化が起こった。本章では、S村における満族の氏族組織に関する歴史的背景、変化のプロセスを概観する。

一　氏族組織

満族の氏族組織について、S・M・シロコゴロフ［一九六七：一二七］は「満洲氏族とは、男系の氏族関係によって結合されている氏族達の一集団であり、彼らは一人の共通の祖先《マ》並べ《マ》に彼ら氏族達に特有な一群の神霊を有することを認めるものである」と定義する。この定義の中に、満族の氏族組織を形成する際に、幾つかの世代、共通の男性祖先及び独自の祖先神・保家神などの基本的な諸要素を指摘している。

伝統的な氏族組織は、族内の成員に広い権限を持ち、彼らの結婚、司法、家庭、氏族の事項、行政、財政、経済などあらゆる側面を管理する。社会に対しても、家庭においても、個人は氏族の傘下に入り、氏族の法や栄耀を守る義務をおこないながら、氏族から保護や権利をもらう。S村の満族も、自らの所属する氏族で集まって、同居同財の生活を営んでいた。

一方、一九五〇年代と一九八〇年代に直系家族、核家族が急速に増加して主な家族構成になった。このような背景において、満族の中で、新しい社会環境に対応する生き方が生み出されるようになった。筆者自身による現地調査をもとに、S村における満族の氏族組織の変化を明らかにし、新しい動きから今後の可能性についても考察する。

一九五〇年代に、中国の農村において本格的に実施された土地改革は、近現代に入って以来、中国の農民にとって多大な影響を与えた。また、その後、急速に進められた一連の農業集団化政策も農村部のあらゆる方面に変化をもたらした。農村に対する社会主義改革は農業の生産形態に止まらず、家族や個人にまで波及した。

一九五〇年代以前には、S村の満族の家族は平等相続、土地共有、同居同財という原則を持っていた。彼らは昔から三世代、四世代の同居を主な居住形態にしてきた。家長が生きている間、兄弟は結婚しても分家せず、嫁を迎え入れて共同生活をした。家族の成員たちは緊密に結束していた。家は三間か五間の部屋からなり、真中には台所を設置し、両側の部屋を寝室として利用した。当時、常に人数が多くて、部屋の空間が狭かったが、人々は個人のプライバシーを重視する余裕がないし、その意識も薄かった。また、庭も開放的な空間のように造られ、家族成員や隣の家との交流が盛んであった。事例1、事例2はA氏（男、一九三四年）、B氏（一九四一年）の当時の居住状態への思いである。

事例1

A氏の場合は、子供の頃に、曾祖父と同じ部屋に住んでいた。曾祖父には息子が三人いて、A氏の祖父は第三番目の息子である。寝室には長いオンドルがあり、家族はその上に寝て、箪笥で空間を分割していた。曾祖父が生きていた間、みながこのような状態で共住していた。

事例2

当時、結婚しても新しい家を建てる経済力がないため、B氏の家では、ひとりの同じ祖父のすべての家族成員は共同生活をしていた。農作業は兄弟たちによって協力しておこなわれ、食事や家事なども順番で担当した。B氏と妻は、一九六二年に結婚したが、一九八三年になりやっと自らの家を建ち上げた。

長年の間、このような同居同財の生活形態は基本的に維持されていたが、社会全体の変化の中で次第に変わってきた。特に、一九五〇年代以降、その崩壊は早いスピードで促進してきた。

土地改革及び農業集団化時代になると、S村では、一九五一年の互助組の成立をはじめとして、社会主義改造の幕が開いた。経済面においては、土地改革によって、各家を単位として土地を平等で農民に分けた。そして、各家の土地、祠堂、祭田などあらゆる共有財産が没収された。農業生産合作社や人民公社の時代に入ると、生産、生活資料がすべて集団から統一的に分配された。S村を六つの生産小隊に分け、村民は農業を中心に仕事が分配され、工業など他の生業がほとんど発展せず、食糧は欠乏していた。この背景において、村人は当時の生活や人間関係を事例1、事例2のように述べた。

事例1

C氏（男、一九四六年）によると、五〇年代には、すべては土草房、土道、泥がいっぱいで、食べ物は大根とトウモロコシ粉だった。私は、祖父、両親、姉、二人の弟及び妹と一緒に暮らしていた。あの時に、皆は一緒でした。他の家もそうだった。現在、みなは一緒にいなくて、結婚で離れるようになった。

事例2

D氏（男、一九四二年）によると、あの頃、生活はみなと同じ生活程度だった。お腹一杯食べられる時代ではなかった。まず、経済的には制限があって、うちは春節でもせいぜい三キログラムの小麦粉しかもらえなく、肉が無かった。すべてのものが少なかったから、いろいろな祭祀や付き合いはあの頃から徐々になくなった。昔、自分で豚を飼って、祭祀には豚を殺し、祭りをおこなうことができた。氏族や友人も、互いに付き合いが少なくなった。相手の家に行くと、手持ちの食べ物が少ないため、招待することができないし、迷惑であるから。みんなはお互いの交際も無くなり、冷淡になってしまった。

一方、政治的な面において、伝統的な儒教教育の代わりに階級意識の宣伝を推進し、宗族意識が批判された。これに対して、S村の元幹部は、「当時、家はめちゃくちゃでした。生産隊からもらったものを置く場所さえあればいいと思われた。よく会議があって、夜になったら会議をおこない、思想を整え、教育を受けた」と回想した。その結果、村人は族譜、位牌を処分し、祭祀活動が中止され、氏族組織が次第に破壊され、氏族間の人間関係にも影響が及ぼされた。

S村で、大家族と言えば、T家とZ家という二つの家がある。T家とZ家はいずれも満族に属し、当時の階級成分では地主と判定された家である。その中で、T家は最も家族が多く、沢山の土地を持っていた。土地改革が正式に始まる前、T家の一部の人が村から四川省、甘粛省へ逃げた。長年行方不明になり、村との連絡が無かった。これに対して、大部分のT家の人はそのまま残って、土地分配を経て集団労働に参加していた。彼らは共同の祖父を持つ人々が互いに付き合ったが、それ以上、他人との付き合いは少なかった。

一連の改革が進行する間に、家族の居住形態はあまり顕著な変化がなかった。しかし、氏族関係を支える経済的、政治的な基盤が改革によって崩壊した。集団体制下において家族間の依存の必要性が弱くなり、氏族に対する認識にも変化が見られるようになった。

一九八〇年代頃、改革開放が始まり、人民公社が廃止され、農村では生産責任制度が執りおこなわれるようになった。さらに、二〇〇〇年以降には新しい土地政策や農業税廃止など農業を支援する政策も次々と実施されてきた。新しい環境の中で、氏族組織は主に二つの面から影響を受けた。

まず、生産効率がかなり高まり、農民は豊かになり、分家の経済条件が整えられた。若者は結婚するとすぐ親元を離れ、独立するようになった。S村には、八〇年代後半に新築の家が相次いで現われた。

次に、市場経済の下に、農民は土地から解放され、出稼ぎが増えていく。過去と比べれば、現在、農民の労働意欲が高くなって経済もよくなったが、人々の心が荒んできた。労働に従事しない者にとって、基本的な生活保障が全くなくなった。このように、彼らは激しい経済競争に巻き込まれ、伝統的な氏族観に代わって金銭を中心にする現実主義的な観念を生み出した。

つまり、社会主義近代化政策は氏族組織に対して直接に影響を与えた。分家はその経済、政治及び思想の条件がすべて整えられ、分家するのに有利な環境を提供された。直系家族、核家族の発展は速かった。氏族組織が最も変化した時期を迎えた。

この時期において、上述したT家は依然として村の中では最も規模が大きい氏族であった。彼らは主に第三、四組に集中して住んでいた。ここには一二〇戸が住んでいたが、その中でT家は約三〇戸を占めていた。一九八〇年代に甘粛省まで逃げたT家の子孫の中には、村に戻って墓参りをする者がいた。次の節では、時代の流れの中でこのT家の氏族組織が如何に変化したのか、また現在どのような状態にあるのかを明らかにする。

二　歴史と現状

本節では、T家を対象にし、彼らが日常生活中におこなう、さまざまな祖先祭祀を呈示する。そして、この事例に見てとれる氏族組織の特徴を分析し、変化の様子を検討する。

清王朝の政府によって編纂された『八旗満洲氏族通譜』には、喜塔羅氏は元々、尼雅満山、長白山、葉赫などの地域に散在していたと記録している。また、喜塔羅氏の族譜には、祖先は松花江と黒竜江の合流地域に居住していて、その後、図們江流域へ移動したという氏族の移動ルーツを載せ、さらに氏族の移住状況を明示している。

T家の満族姓は喜塔羅氏である。喜塔羅氏族の歴史を遡ると、明朝の中期に、一世祖（初代）の昂文都里巴彦徳は家族を連れて長白山の喜塔羅地域に移住した。そこで土地を開墾して定住したことにより、喜塔羅という地名を族名にした。昂文都里巴彦徳は息子七人を授かって、喜塔羅氏は七大分枝に形成され、子孫が繁栄し、満族でも指折りの大家族の一つに発展した。順治元年（一六四四）、二世祖都力根の子孫は盛京に駐屯し、福陵を守ることを命じられたため、東北に残った。その他の六分枝の子孫は「従龍入関」（皇帝に従って長城を超えて北京入り）によって、順治皇帝に従い北京に移動した。そしてまた、北京から四川、河南及び甘粛など全国の様々な地域へ駐屯にいった。

写真 5-1　喜塔羅氏旧居図（出所：2014 年 11 月 25 日筆者撮影）

結局、東北地域に残ったのは都力根の一枝の子孫しかいなかった。この一枝は、第九世代の時に、九世祖倭合が鑲紅旗協領二品頂戴の官職を授かる。倭合は七人の息子がいたが、康熙二六年（一六八七）に彼の官職が第二子の図黒に世襲された。その後、図黒は永陵の防衛章京[1]として新賓地域に転職することになった。当時、彼には九人の息子がいたが、その中の五人を福陵に残し、四男、七男、八男、九男及び甥一人を新賓に連れてきた。この図黒が喜塔羅氏の第十世祖であり、新賓地域における喜塔羅氏子孫の直系祖先でもある（写真5―1）。

現在、図黒を祖とする新賓地域の喜塔羅氏族はすでに一〇世代以上続いている。しかし、満族の姓が漢族姓のように簡略化される過程において、喜塔羅氏族も固定の漢族姓に改姓されるようになった。新賓地域の喜塔羅氏は筆者の調査した限り、主に図、趙、文、衡、祝などの姓をもって命名されている。また、新賓から離れ、遼寧省内の他の都市、黒龍江省、甘粛省などへ移住した人も少なくない。

調査地S村に暮らしている満族の氏族の中で、人口が最も多いのはTという姓の喜塔羅氏の後裔である。T家は十世祖図黒の時代からS村にきて、今日の二四世代まで続いている。過去、T家は統一の姓がなかった。清王朝末期、TYF（一九四一年生、七五歳）氏の曾祖父の時に、一族をここに連れてきた図黒の子孫であることにより、一族の姓が固定化された。

図黒とその四人の息子及び甥一人葬られているT家の祖墳の地には墓碑が立てられている。図黒をはじめ、T家の最初の祖先の墓の下に、さらに後世の墓が三九個ある。そして、T家は光緒時代に編纂した『永陵喜塔羅氏族譜』および康熙時代に複写した『譜単』を収蔵していて、祖先板を供え、仏托を挿すことなどの慣習を持っている。

T家の二一世代後裔であるTYF氏の記憶によると、曾祖父の時代には、家は土房であり、三間の狭い部屋に曽祖父、祖父、父親と子供の四世代が一緒に暮らしていた。曽祖父は息子三人とそれぞれの妻、子供たちを連れて、みんなで土地を耕作し、大家族の生活を維持した。寝室には広いオンドルが一つあり、真ん中に箪笥を置いて一部屋で寝泊まりしていた。

その後、祖父の時代になると、昔の大家族は主に祖父の兄弟それぞれを単位として分散するようになった。祝事や祖先祭祀などのイベントも同じ祖父の子孫が集まっておこなわれるようになった。TYF氏の祖父は兄弟三人で、二人の兄がいた。長兄は二人の子供をつれて、S村を離れた。S村に残ったT家は二つのグループに分かれ、近くに住んでいた。そして、同じ祖父の子孫は一緒に暮らすようになった。彼らは一緒に生計を立て、順番で家事を担当した。

TYF氏は一九四一年新賓県に生まれ、五人兄弟の長男であり、姉、弟と妹二人がいる。一九五〇年代の土地改革から農業集団化が終わる時期に至るまで、TYF氏は祖父、親、未婚の兄弟など合わせて一〇人ぐらいと一緒に生活していた。彼は一九六二年に結婚し、当時、新しい家を作る能力がないため、嫁を迎え入れ、そのまま共同で生活していた。その後、TYF氏夫婦は四人（女二、男二）の子供をもうけたが、長女を姉の家に養子に出した。他のすべての家と同じように生産隊に働くことで、食糧と生活用品を貰った。

改革開放の時期に単干が始まった。一九八七年五月に、経済状況がよくなったTYF氏はやっと独立し、自らの家を建てた。現在の家は、部屋が三つあり、建築費用一〇〇〇元、工期一か月ほどできたものであるという。TYF氏夫婦は次男夫婦及び孫娘夫婦、曾外孫と合わせて七人が住んでいる。しかし、食事と生計はそれぞれ独立している。他の子どもは結婚する際に、新しい家を建て、すべて自立した。

TYF氏の兄弟は八〇年代から、結婚を機会にあいついで実家を離れた。現在、一人の妹が永陵鎮内に定住しているほかは、兄弟四人共にS村に住んでいる。そして、S村に生活しているT家の人々は主に村の第三組と第四組に集中して、近くに住んでいる。すべての成員の構成は以下の通りである。

第三組

TYG（戸主・満族）　ZXQ（妻・漢族から満族(2)）　子ども（男一）
TYL（戸主・満族）　子ども（女一）
TYJ（戸主・満族）　UGL（妻・満族）　子ども（男一・女二）

TYR（戸主・満族）　NYJ（妻・満族）　子ども（男一・女一）
TYF（戸主・満族）　MXX（妻・満族）　子ども（男二・女三）
TYH（戸主・満族）　OGL（妻・漢族から満族）　子ども（男二・女一）
TYR（戸主・満族）
TYX（戸主・満族）　ZSY（妻・漢族から満族）　子ども（男一・女一）
TKX（戸主・満族）　GZE（妻・漢族から満族）　子ども（男一）
TKH（戸主・満族）　LSH（妻・漢族から満族）　子ども（男二）
TKW（戸主・満族）　子ども（男一・女一）

第四組

TLY（戸主・満族）　LWQ（妻・漢族から満族）　子ども（男二・女一）
TYC（戸主・満族）　ZXL（妻・満族）　子ども（男一・女一）
TYT（戸主・満族）　GSU（妻・漢族から満族）　子ども（女二）
TYG（戸主・満族）　YSY（妻・漢族から満族）　子ども（男二・女一）
TYJ（戸主・満族）　子ども（男一・女一）
TJC（戸主・満族）　OYQ（妻・満族）　子ども（男三・女三）
TYJ（戸主・満族）　子ども（女一）
TKD（戸主・満族）　子ども（女一）

ＴＧＹ（戸主・満族）　ＯＧＦ（妻・漢族から満族）　子ども（男一・女一）

彼らは頻繁に行き来していない。春節の際に、大晦日を家ごとに祝い、翌日の一日はＴＹＦ氏の家に来て祖先を祀る。年二回の墓参りも共同で執りおこなう。それ以外は、誰かの家で結婚、葬式、出産、新築及び進学などのような社会的活動があり、知らせがあれば、祝い金を出して互いに賑わすために参加する。

二〇一五年五月一五日に、筆者は調査対象のＴＹＦ夫婦の承諾を得てＴ家の結婚式に参加させてもらった。現地では、結婚式に参加し、料理を食べることは「喫盤」と言われる。結婚するのは永陵鎮Ｎ村に住んでいて、Ｔ氏夫婦の祖父の兄の息子である。昔はほとんど自宅で結婚式を行った。以前は一族や隣の人に無料で手伝ってもらえたが、だんだん変わってきて、現在では金を使って専門グループを雇うようになった（写真５―２）。また、結婚式の場所は、かつての新郎の家からホテルへと変わってきているが、今回参加した結婚式は新郎の家の庭でおこなわれた（写真５―３）。

今回の結婚式は特に昔の満族の結婚式を踏襲し、現地の一般的なやり方で執りおこなわれた。満族式とは言えないが、式には満族の要素が含まれる。式は主に新婦宅へ迎えに行き、「接盆（祝い品が入ったたらいを受け）」、「拝天地」「接紅包（おひねりをうける）」、「坐福（オンドルに坐る）」、宴会（写真５―４）などの順番で進んだ。

ＴＹＦ夫婦は新郎、新婦及びお爺さん夫婦を祝福し、二〇〇元の祝い金を出してから、Ｔ家の成員とともに料理を食べる。料理を食べた後、すぐ家に帰らず、新婚夫婦の部屋に入ってみんなで雑談を

写真 5-4　宴会　(出所：2015 年 5 月 5 日筆者撮影)

写真 5-5　雑談する親戚たち（出所：2015 年 5 月 5 日筆者撮影）

写真 5-2　雇った手伝い（出所：2015 年 5 月 5 日筆者撮影）

写真 5-3　新郎の家（出所：2015 年 5 月 5 日筆者撮影）

図 5-1　T 家の平面図（出所：筆者作成）

する（写真5―5）。午後三、四時頃まで続いて、それからみなは相次いで帰る。現在、T家の人々は付き合いが少なく、互いの接触と交流はほとんど結婚式のような冠婚葬祭に限られている。

三　祖先祭祀

氏族と祭祀の関係について、S・M・シロコゴロフ［一九六七：二二八］は「氏族の中で満洲族は氏族を通じて神霊の体系にしっかりと結び付けられているのであり、それら諸神霊の保護と恩慧とは、その氏族の儀礼並《マ》べ《マ》に儀式に通暁せる特殊な個人達の媒介によってのみ受け得るのである。彼か助けが必要な時、氏族は彼を助け、氏族は個人と神霊の媒介である」と論述する。彼は、満族の氏族と個人、祭祀との関連性、および三者の間に氏族の役割を指摘している。

祖先祭祀は墓と祖先板[3]の二つを中心とした家族共同の行事である。昔は、毎年の旧暦七月二二日に祖先を祀るために家祭をおこない、雄豚を殺し、煮てから祖先に供えていた。T家では昔祖先板を祀っていたが、文化大革命の時に、焼失した。現在、家に祀られている祖先板は八〇年代に複製されたもので、祖先神を代表する祖先板が九枚そろって、通称「老祖宗」と言う。それを祀る際に達子香が祖先板の数に合わせて九本用意されるが、さらにもう一本が必要である。それは長仙（蛇仙）に献げられる。達子香の他には酒三杯、箸三膳、マントウを五個ずつ積み上げる三つの山が必要である。

現在、祭祀は四月五日の清明節と旧暦七月一五日の鬼節の年二回に決まっている。墓参りはほぼ祖父を同じくする人を中心におこなわれ、自らを愛育してくれた祖先を祀る。T家では一族共同の祭祀活動が数十年間中止され、T家の老墳を管理するのはTYF氏夫婦しかいない。TYF氏は、昔に比べれば、人々の祭祀を重要視する意識が薄くなり、みなが自分の祖父を祀り、祖墳を無視して、祭祀の人員も内容も簡略化されているように見えると語った。このような状況は二〇〇二年まで続いていた。

二〇〇〇年に、長く中止された祭祀が、ある事件によって再開する転機があった。当時、S村では鉱山の開発が始まった。この鉱山はT家の祖墳の右側にあり、T家の墳地の一部分を占拠し、出た廃棄物をも墳地に放置した。鉱山会社の行為はT家の祖先に対して非常に不敬なことであると思われた。とくに鉄鉱の開発のため、墓の後ろに水溝を掘ったり、樹木を伐採したりすることは、T家にとって祖墳の風水を破壊するタブーである。

以上のような事件が起こって、TYF氏夫婦はS村及びN村など近い村のT家と連合して、鉱山会社の行為に強く反対し、祖墳の破壊を止めようとした。そのため、彼らは、何回も村の道路を阻み、鉱山の運送を止めた。また、村長に訴え、政府側の支援を求めた。T家と鉱山会社との交渉は一年半続いた。その結果、村政府の調停によって鉱山会社からT家の墳地に踏み込まない旨の確約及び五〇〇〇元の賠償金が付与された。

二〇〇二年八月二二日に、TYF氏はこの賠償金を使って、祖先及び墳地全体の石碑を立て（写真5―6、5―7）、一族の祭祀を開催した。この祭祀について、TYF氏は「われわれは爆竹、紙銭、供え物を買って、庭で食事会をした。電話でみんなに知らせを出した。普段、あまり連絡がとれな

写真 5-6　石碑（出所：2015 年 4 月 4 日筆者撮影）

写真 5-7　碑文（出所：2015 年 4 月 4 日筆者撮影）

写真 5-8　氏族の記念写真（出所：2015 年 4 月 4 日筆者撮影）

写真 5-9　図黒の墓（出所：2015 年 4 月 4 日筆者撮影）

写真 5-10　索羅幹子（出所：2015 年 4 月 4 日筆者撮影）

いが、集まったら輩分[4]を論じてきた。参加した人は一〇〇を超えたが、今度の祭祀でみんなが祖墳のことを知った。五〇〇〇元以上を費した。自らの金を使っても嬉しかった」と語った。そして、二〇〇二年の祭祀以来、二〇一五年まで大規模な祭祀を行わなかった。しかし、清明節の際に村外からの子孫が祖墳を祀りに現われるようになる。

二〇一五年の清明節に、T家は第二回の大規模な祖先祭祀を執り行った。祭祀は四月三日、四日にTYF氏の家でおこなわれ、参加しに来た人は新賓県、撫順市、瀋陽市などの地域から約八〇人を数えた（写真5―8）。満族の清明節と言えば、墓参り（写真5―9）をすることであるが、今回の祭祀は主に族譜、祖先板子、索羅幹子[5]（写真5―10）を祀り、墓参りおよび食事会からなる。T家は新しい索羅幹子を立て、米と新鮮な豚の内臓をその上に供え、カラスに食べさせるよう、索羅幹子を祀る儀礼が復活した。また、清明節の際にはふつう族譜や祖先板子などを祀らないが、今回は一族にとって盛大な祭祀であるため、特別に祀ることにした。

四　族譜と続譜

喜塔羅氏というのは一つの満族の姓であり、喜他羅、または奇塔爾とも呼ばれる。S村のT家には『喜塔羅氏族譜』と『喜塔羅氏譜単』（写真5―11）が保存されている。『喜塔羅氏族譜』と『喜塔羅氏譜単』は熊岳地域に藍翎防守衛を勤めた喜塔羅氏の第一六世の依恵によって光緒二三年（一八七七）

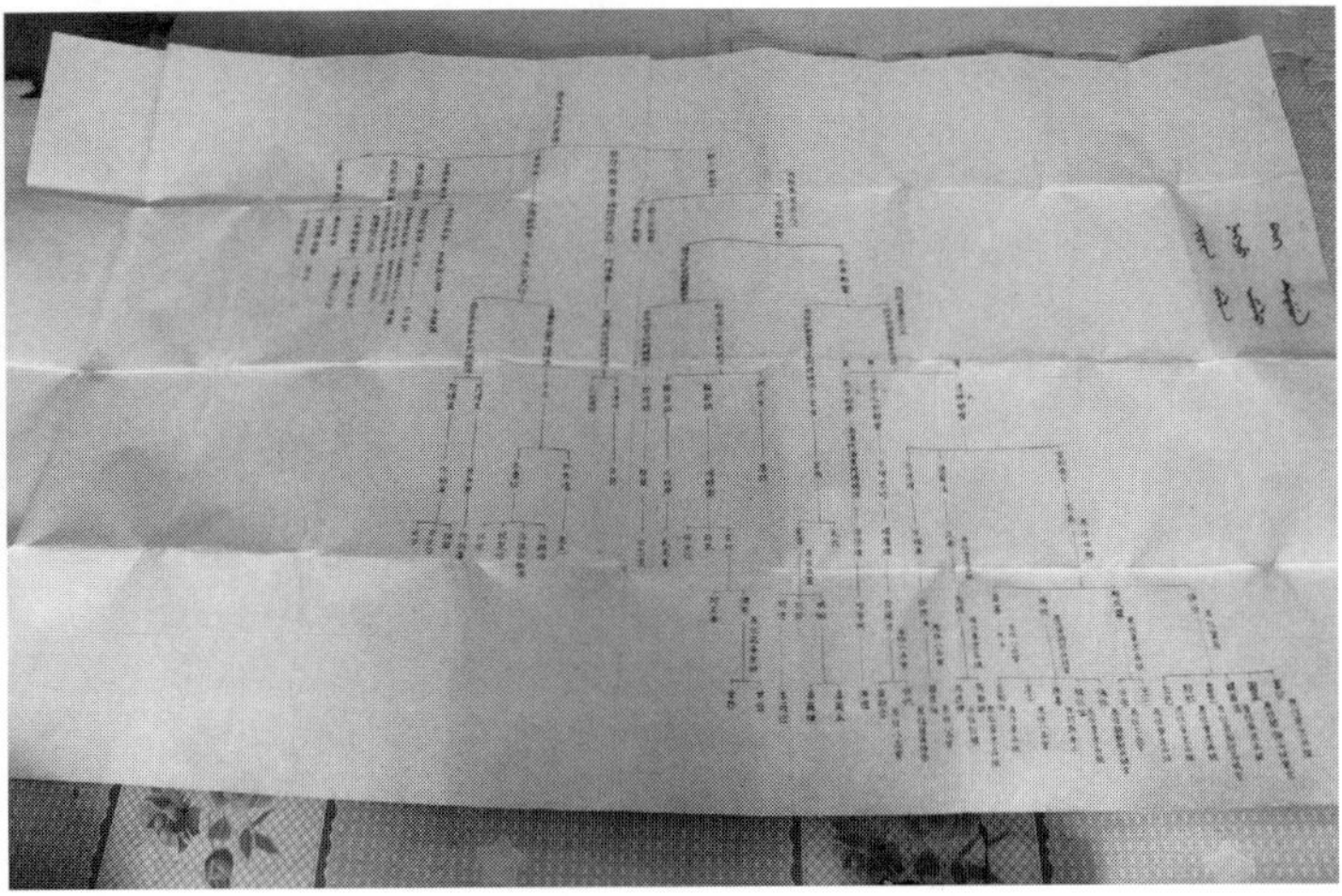

写真 5-11　喜塔羅氏の譜単（出所：2014 年 11 月 25 日筆者撮影）

に編纂されたものである。

『喜塔羅氏譜単』は黄色の紙に満文で「ヌルハチの伯父の家の譜単」という文字を書いている。ここで興味深いのは喜塔羅氏とヌルハチとの関係であり、あるいは、ヌルハチの伯父の家の譜単という言い方である。喜塔羅氏の歴史を遡ると、ヌルハチの母親は喜塔臘氏であり、三人の息子及び一人の娘がいた。清王朝が成立した後、ヌルハチの父親が清顕祖、母親喜塔臘氏が顕祖萱皇后の尊称を追贈された。その後も、喜塔臘氏には嘉慶皇帝、乾隆皇帝、道光皇帝など何人かの清王朝皇帝の皇后になる女性が現れた。譜単には喜塔羅氏の一世祖の昂文都里巴彦徳から図黒をはじめとする十世代の祖先の名前及び官職が記録されている。

上述した二回の祖先祭祀には何れもT家の子孫がたくさん集まった。T家では、一番上の世代と一番若い世代の二人は七世代をへだてる。彼らは出会った時に、まず互いに世代関係を確認するため、族譜

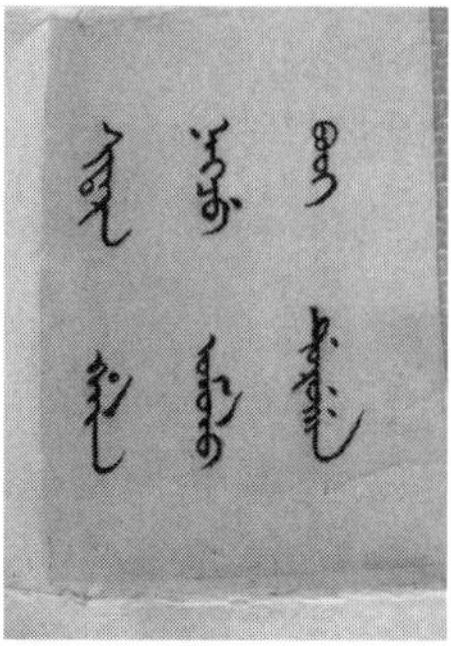

写真 5-12　譜単の表題（出所：2014 年 11 月 25 日筆者撮影）

写真 5-13　T 家の族譜（出所：2015 年 4 月 4 日筆者撮影）

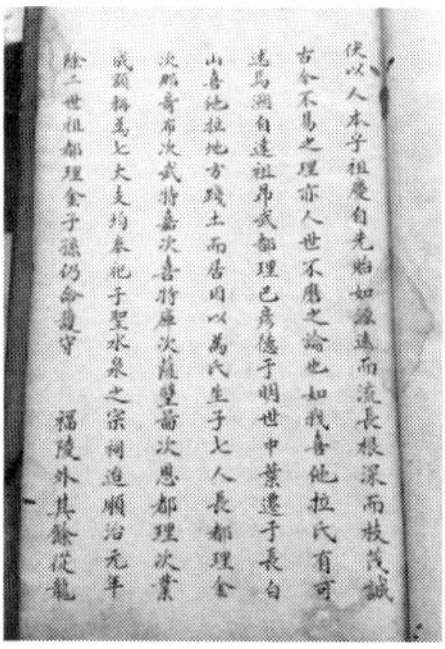

伏以人本乎祖慶自先始如源遠而流長根深而枝茂誠
古今不易之理亦人世不磨之論也如我喜他拉氏有可
追焉溯自遠祖昂武都理巴彦德于明世中葉遷于長白
山喜他拉地方践土而居因以為氏生子七人長都理金
次那奇布次武特嘉次喜特庫次薩璧嗇次恩都理次業
成額稱爲七大支均奉祀于聖水泉之宗祠迨順治元年
除二世祖都理金子孫仍命護守　福陵外其餘從龍

写真 5-14　族譜の中身（出所：2015 年 4 月 4 日筆者撮影）

に記録されている相手の範字を聞いて判断する。

ＴＹＦ氏の族譜は文化大革命の時代に禁止されたため、燃やされた。その後、譜単と呼ばれる家系図だけを残している。この譜単は吉林省の氏族の家にあったものから書き写したものである。ＴＹＦ氏は、歴史的混乱の中で族譜がまだ氏族の誰かの家に残っていると考えて、五、六年前から、族譜を探し始めた。二〇一五年二月春節の時に、ＴＹＦ氏はある氏族の家を訪ねて話した際に、やっと族譜に関する正しい情報を得、瀋陽市にいる氏族から族譜を貸してもらった。

その『喜塔羅氏族譜』の中には、氏族名の由来、移動の歴史、新賓に移住した＝時期、代表的祖先、歴代祖先の系譜、および祖墳の情報などが記載されている。最後は二〇字の範字が記録されている。この族譜は譜単に比べて、かなり充実した内容が含まれている。

まず、最初の譜序には一世祖（初代）の昂文都里巴彦徳とその後の十世代のことを概説している。彼らは、明朝の中期に、長白山の喜塔羅地域に移住し、喜塔羅という地名を族名にした。昂文都里巴彦徳の七人の息子、都理金、那奇布、武特嘉、

表 5-1　喜塔羅氏十世祖

世代	世祖	兄弟
一世祖	昂文都里巴彦徳	
二世祖	都理金	那奇布、武特嘉、喜特庫、薩壁図、恩都里、業成額
三世祖	都里吉	
四世祖	祖察	阿爾図
五世祖	阿古	費揚武
六世祖	達格	多甘、怕古
七世祖	富翰	達爾翰、音達渾
八世祖	芬太	
九世祖	倭合	哈達、穆成額、華山、馬拉
十世祖	図黒	蘇黒、阿爾満、碩色、訥勒、岳色

（出所：『喜塔羅氏族譜』より筆者作成）

喜特庫、薩壁図、恩都里、業成額を中心として、喜塔羅氏の七大分枝が形成されてきた。その後、喜塔羅氏の子孫が繁栄し、名門の貴族になった。表5—1は永陵地域に生活している喜塔羅氏の十世代までの祖先、特に世祖の名前を表記している。そして、康熙二六年（一六八七）、九世祖倭合の息子図黒が永陵防衛を任命され、新賓地域に移住することによって、現在の永陵鎮S村に喜塔羅氏の後裔が存在する由来である。二〇〇年もの間、代々官職を受けている。

譜序では喜塔羅氏の移住の歴史を見渡した以外に、歴代において功績があった祖先の名前と業績を書き上げ、家族の成長を記録し、後世を鞭達しようとしている。表5—2は、長い文章の中で、中心的に記録した祖先の情報である。

譜序の次は、祖墳に関する紹介であり、この地における喜塔羅氏の二つの祖墳の基本情報が記録されている。一つ目の祖墳は十世祖の図黒をはじめ、新賓地域における喜塔羅氏が有する最も古い祖墳であり、またその規模も最大であると記されている。

記録によれば、この祖墳は喜塔羅氏の家から南方向における卯山に位置している。祖墳は台上と台下の二つの部分に大きく分けられている。台上は六つの輩次が高い祖先の墓であり、真ん中は図黒、左一は伍格、左二は麻色、左三は沙哈、右一は芭哈、右二は図力根という順番で並んでいる。台下は

表 5-2　喜塔羅氏祖先功績表

世代	名前	官職	時期
十三世	慶　林	奉天府尹	道光初年
十四世	慶　裕	盛京将軍	道光十年
十五世	曾　鉌	甘粛布政使	
十五世	裕　寛	河南巡撫	
十五世	恒　慶	天津塩法道	
十五世	裕　徳	都察院左都御史	
十五世	堃　鈾	礼部左侍郎	
十五世	裕　長	四川布政使	
十五世	曾　銜	礼部員外郎	
十五世	裕　禄	直隷総督	

（出所：『喜塔羅氏族譜』より筆者作成）

喜塔羅氏の他の祖先の墓である。当時、墓守の人を雇い、墓と墳地内の森林を守っていた。

また、記録の末に、「各小支四時分祭外毎年七月二十二日族中公祭」と喜塔羅氏の祖先祭祀の決まりと時間を書いている。この記録は過去、喜塔羅氏が毎年七月二二日に一族の祖先祭祀をおこない、また、各分枝がその日の祭祀に必ず参加する以外にも自らの都合によって、年四回に単独の祭祀をおこなうことができる、とはっきり祖先祭祀の慣習を決めている。

これに対して、二つ目の祖墳は主に第十四世の祖先である常山、彼の長男査郎阿、次男塔清門及び彼らの子孫が埋葬されている。「大東溝老墳説」によると、祖墳は家から東方向の午山に位置している。当時、祖墳はこの分枝の子孫が費用を出して、墓守を雇うことになっていた。祖墳に対して、秋には草刈りをしたり、冬には雪を掃除したりすることが祖先への尊崇を表わすという古い決まりである。

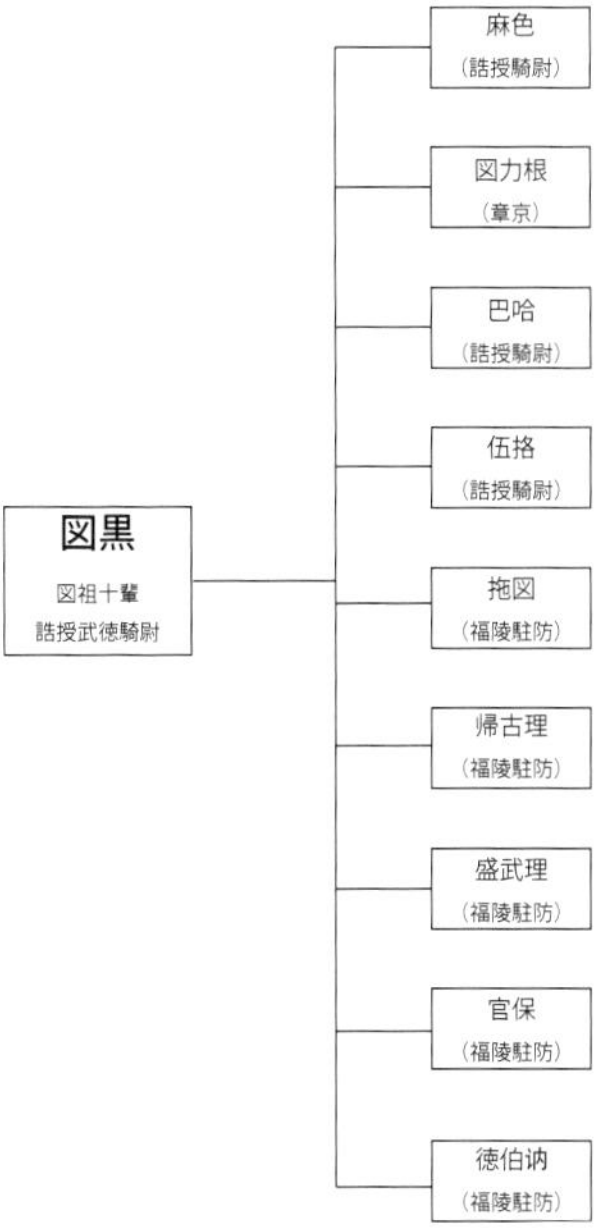

図 5-2　喜塔羅氏の世系（出所：『喜塔羅氏族譜』より筆者作成）

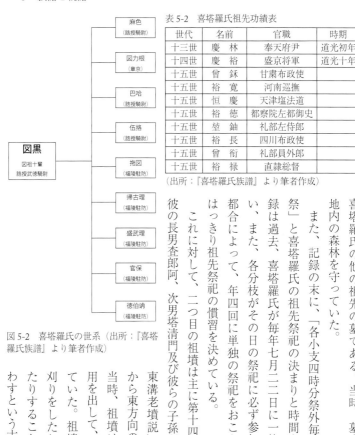

族譜の真中は、喜塔羅氏の系譜である。系譜は族譜の中に最も大きなスペースを占め、大きな家族が長く続くと世代を見分ける役割を果たす。この族譜の場合、上述した譜単の続きとして、年配順に十世祖、図黒から一六世代までの先祖の名前、官職及び配偶者の姓氏が書かれている。

最後には、五言二十字の輩字が載せられている。この輩字にある二十字は縁起の好い字で、五字ごとに組み合わせて、全部短句となり、詩のような形に見られる。この輩次は光緒二三年（一八九七）に、喜塔羅氏第十七世子孫が作り上げたものである。この五言二十字輩次を作り始める理由について、族譜に「立行字以知序法、今我子姓族繁支茂散処両京不有成規輩次宜混、排定五言二十字後世之人永遠遵守不衍不忘」と書かれている。主に氏族の秩序と法を伝えるために、この輩字を作った。今日子孫は全国各地域に散在するようになって輩字が混乱する恐れがある。後世の子孫は必ずこの五言二十字の輩字を守って命名し、永遠に敷衍し、忘れないように、という意味である。輩字は次の通りである。

宝徳毓英魁、永成盛世書、隆文多富貴、福寿慶双余。

T姓の人々はこの「範字」を参照して、子孫に命名していった。現在の族譜を見れば、記録された祖先の名前はだいたい輩字に当っている。しかし、決してすべての名前がこの通りではなかったことが分かった。現在、各家では、相変わらずこれによって命名するが、自由に決める場合も少なくないのである。

TYF氏はやっと手に入れた族譜を大切に保管するだけではなく、三〇部を複製して祭祀の時にそれをみんなに回覧させ、それを欲しい人に配った。彼の話によると、族譜には家族の歴史があり、一世代一世代の由来がある。彼は歴史を研究するとまでは言えないが、「樹有根、水有源（樹は根があり、水は源がある）」と思いながら、特に清王朝の歴史に興味を持っている。

二回の祭祀活動を通じて、TYF氏夫婦には新しい考えが生まれた。彼らは族譜を書き続けようとしている。長年中断し、一族の移住、連絡の過疎及び学力の限界などの理由で、族譜を補充する作業はかなり難しいと想定される。TYF氏は努力を尽くし、出来る範囲内で家族の情報を集め、族譜に添付することを計画している。二〇一五年五月の調査時点で、TYF氏夫婦は一つの地域で比較的情報収集能力ある人を一人か二人選び、その人を中心にまわりのT家の情報を集めることを依頼した。新賓県内における近い家であれば、TYF氏夫婦はその親戚の家まで訪ね、市外や県外の場合は電話で連絡し、族譜の作成（族譜の複製、続写）の目的とやり方を説明した。現在、T家の族譜作成はどれほど進んだか確認していないが、今後も引き続き見まもっていきたい。

五　氏族組織の現状と発展

前節では、S村における満族の氏族組織に関する歴史的背景、発展・変化を概観した。また、T家の事例により氏族組織の実態と新しい動きなどを示した。以上を踏まえ、満族の氏族組織の現状及び今後の可能性について考察を試みる。

昔、満族の中で、婚姻、司法、行政、財政、経済などの社会的機能の大部分は、氏族によって、あるいは氏族を通じて実現していた。氏族組織が公私両面においても、揺るぎない権限を持ち、重要な役割を果たしていた。多くの家は同居同財の大家族で、娘は結婚すると家族を離れるが、息子が残り、妻を迎え入れて共同生活をしていた。しかし、土地改革から改革開放に至るまでの四〇年間に、政治的、経済的変化の影響を受け、氏族組織に顕著な変化が表われた。その中で、土地改革による土地私有の廃止、農業集団化による伝統的家族観念の弱体化、及び改革開放による価値観の変化が確認される。

聶莉莉がその著作［聶　一九九二］の中で指摘したように、土地改革以降には、漢民族の社会においても、氏族間の付き合いが禁止され、社会階層の構造と氏族の構造との関連が希薄化するようになった。また、人民公社時代になると、劉堡の大家族はすべて解体され、核家族が基本的な家族構造となった。そして、親子関係も変わった。息子は結婚すると、親から独立する傾向が増えた。この独立は伝統的な「分家」と異なり、親は結婚した息子に生活用品を贈与するだけのようなものになった。

聶莉莉の論述を踏まえると、満族は一つの少数民族として位置されているが、社会的改革の面において、漢族社会と同様な社会的改革政策に影響され、氏族組織や家族構造にはほぼ同じような変化が起こった。

S村では、一九五〇年代と一九八〇年代の二つの時期に分家を行った家が多く、直系家族、核家族の比率は急速に増加し、現在では核家族が主な家族構成になった。T家では、TYF氏夫婦、次男夫婦及び孫娘夫婦、曾外孫と合わせて四世代が一緒に住んでいるが、経済的には独立し、食事を三つの家庭ごとにおこなう。このように、直系家族と核家族の形態から生み出された新しいライフスタイルが現われた。

一九八〇年代以降、農村部の若者は進学や出稼ぎなどの新たな選択肢が増えた。彼らは出稼ぎで長く村を留守にしたり、村を離れて都市に移住したりするようになった。しかし、親はこのような状況を予測できず、家を建てた時に相変わらず子供の部屋を造った。そのため、S村には年寄りと小さい子供だけが生活していて、家にはがら空きの部屋がよく見られる。親が息子の誰かと一緒に住むという考え方はまだ変わらないうちに、農村におけるライフスタイルが早く変わったからである。

一方、一九五〇年代以来、新しい社会環境において氏族成員間の付き合いが減少し、家族は疎遠になった。満族の間では大規模な祭祀はほとんどおこなわれることがなかった。祖先祭祀は私的な儀礼になって、個人または同じ祖父の子孫によっておこなわれ、そのやり方が簡略化しつつあり、消失することさえあった。つまり、家族のつながりが薄くなって、祖先祭祀の機能も内容も失われた部分があった。

しかし、満族は昔から祖先祭祀を重視している。S・M・シロコゴロフ［一九六七：二二八］が論述したように「氏族組織の観念体、満洲族によって採用されている諸神霊の体系と緊密に結ばれている」。つまり、伝統的な信仰は満族の氏族組織を構成する不可欠の要素であると言える。氏族内部で共有されている自らの神々を信仰することを通して、氏族組織の徹底的な解体を避けられる。彼らは祖先板子、祖墳、族譜及び動物神を媒介にして祖先に対する尊崇の感情を伝え、祖先から家族の繁栄と保護をもらうという願いを達成しようとする。祖先祭祀は一族を結び付け、家族の結束を強める役割を果たしている。

先のT家の場合は、祖墳を保護することをきっかけに、大規模な祖先祭祀が再開され、族譜の複製、続写をする動きが現れた。これを機に、一族は再び連絡が取れて、共通の祖先を偲ぶようになった。特に、今まで顔を知らなかった氏族の成員が祭祀の際に初めて会って、世代を尋ね、互いの関係を確かめてから、共通の祖先を思ったり、氏族の話をしたりするのは印象的だった。また、祭祀の対象は三代以内の近い祖先に限らず、最も遠い祖先のことをいっそう大事にすることもT家の特徴である。

一方、清明節は墓参りに限っているが、今回の祭祀では、祖先板子、索羅幹子及び族譜などの要素も加えられた。TYF氏の話によれば、「我々は満族である、満族の風俗を続けるべきである。今回は一族の祭祀だから、すべてを祀った」と語った。祖先に関わるそれぞれの祭祀は元々の意味や解釈にかかわらず、一族の祭祀として民族的特徴を表わすために執りおこなわれたと言える。

昔の祭祀のうち、家族あるいは一族で毎年春か秋、または春秋二回おこなわれた「大祭」について、小熊［一九九六：一二四―一三三］は「祖先を祀る満族の最も重要な儀礼を大祭あるいは年祭という。この儀礼を家祭という場合もある。この儀礼は通常三日間おこなわれ、祭祖・背灯祭・祭天の内容が包容された祭祀である」と述べている。当時の祭祀はシャーマンによって執りおこなわれ、三日間に豚を殺し、祖先の位牌、女性神（背灯祭）、天神（索羅幹子）及び仏托媽媽などを祀るものであった。(6)

T家の祭祀では、祖先板子と索羅幹子の二つの儀礼がおこなわれ、豚を殺したり、背灯祭、仏托媽媽を祀ったりすることは見られなかった。一方で、清明節の日におこなわれる、索羅幹子という祭天儀礼を復活していた。昔は索羅幹子を通じて供え物を天に届け、天神と人間がつながり、人間の祝福と祈願を伝えていたが、彼らが索羅幹子を再開したのは天を祭る機能を求めるのではなく、それが民族伝統の一つの象徴と見なされ、自らが満族の一員であることを示そうとしてのことである。つまり、現在、祖先祭祀は自らの属する民族の誇りをアピールする新しい機能を果たすようになったのである。

六　小括

本章は、新賓満族自治県S村における満族の氏族組織に焦点を当て、中華人民共和国成立以降の社会的変遷に伴う氏族組織の実態を明らかにし、また、今日の新しい動きについて検討した。満族は一九五〇年代から長い間、土地改革、文化大革命、改革開放など一連の歴史的変遷を経て、氏族組織には激しい変化が起こった。新しい社会環境において、政治的、経済的な面から影響を受け入れ、氏族関係は次第に疎遠になりつつ、昔のような大規模な祭祀はほとんどおこなわれなった。

一九五〇年代の土地改革の施行に従い、村人の家族に対する依存的な関係は、国や集団に対する依頼的な関係に代わった。氏族組織は政治的な要因で大きく変わり、しだいに弱体化した。その後、改革開放により、農地が各世帯に分配されることによって大きな氏族組織を維持する経済的な基盤が崩壊し、村人の価値観が次第に変わった。これに対して、近年、祖先祭祀を中心とする伝統的な儀礼が復活する傾向が現われた。墓参りなどの祭祀活動は盛んにおこなわれ、大規模な祖先祭祀を再開する家も見られるようになった。実際、現在の祭祀活動は主に中心人物の存在、各家の経済力などの面によってより多く左右されている。

S村の一家族であるT家の事例を、氏族組織が如何なる変化を経て、今日の様子に辿り着いたかを示す具体例として呈示した。また、二〇〇〇年以降、T家において大規模な祖先祭祀が再開され、族譜の複製、続写する動きが見られた。その際に、祖先祭祀は氏族関係を強化する一方、家族の私的儀礼に止まらず、民族文化の重要な一部と見なされるようになった。今日の満族社会において、祖先祭祀は新しい機能を果たし、親族組織にも今後の可能性を提供している。

現在、氏族内部の個々の成員にとって、生活上の相互依存がかなり薄くなり、対外面にも氏族が政治的、経済的機能もほぼ失ってしまったと言える。このような背景において、伝統的な儀礼の復活する原動力は満族の信仰である。特に長く続けている祖先神に対する信仰、及び保家神の存在は氏族成員の帰属感を呼び出し、墓参りや祭祀活動などを媒介にして、氏族組織の完全な崩壊から保護されるからである。

また、今回の調査において、祖先祭祀は満族の特徴として、重要な伝統文化と見なされるようになっていることが分かった。満族はその価値を意識しながら、祖先祭祀を復活させ、祖先祭祀は再び彼らの生活の中に溶け込むようになった。彼らは、祖先祭祀を通じて家族の歴史を認識し、満族社会の結束力も高められるようにった。

今後、氏族組織の改善及び民族文化の強調という二つの側面から、祖先祭祀は現代の満族社会において、どのような立場に置かれるのか、また、どのような役割を演じるのかを注目していきたい。

注

（1）地域の防衛を担当する官職。

（2）民族籍が漢族から満族へ変わることである。以下のOGL、ZSY、GZE、LSH、LWQ、GSU、YSY、OGFも同じ。

（3）祖先板子とは祖先や神を供える板のことで、部屋の西の壁に祀る。

（4）輩分とは世代のことである。

（5）索羅幹子とは、祭天儀礼の神杆である。満族は、庭に神杆を立て、犠牲の豚の内臓を煮て、天神を祀る。

（6）背灯祭とは、夜に灯を消して静かに女性祖先の霊を呼び返す儀礼である。

第六章　民族間関係

民族間関係の定義について、谷富夫は「生活主体に自他のエスニシティの境界線が見えている場合、その主体が向かう行為の方向としては二つが重要と考える。①この境界線を越えたり超えなかったりするエスニック次元の水平方向と、②この水平面を含む生活構造における、いわば三次元的な立体方向である。①で形成される社会関係を狭義の「民族」関係、②で形成されるそれを広義の「民族」関係」であると指摘している〔谷　二〇一五：四八〕。本章は、生活構造と社会構造的視座から個人、集団、民族など異なるレベルで、その文化や意識などエスニック現象を構成する要素を考えながら、谷の指摘する狭義の民族間関係だけではなく、広義の民族間関係をも取り上げて検討する。

中国の場合、漢民族と他の少数民族との関係について論じる際に、多くの場合、少数民族の方が漢化されたり、また例えば満族のような集中的に居住する地域において漢族が逆に満化されたりすることが言われる。S村は満族自治地域に属する村であると同時に、村には満族、漢族及び朝鮮族という三つの民族が並存している。そのため、本章は、行政、生活などの面において、満族、漢族及び朝鮮族の間にどのような関係が見られるのかを明らかにする。

一　歴史的背景

新賓地域は複数の民族が存在している。ヌルハチがここで後金政権を立ち上げて以来、満族を中心とする多民族の雑居する状況が形成されてきた。清王朝光緒三二年（一九〇六）、新賓地域に満族旗人二万六八五戸、一四万四七九四人、漢族一万二八五二戸、八万八〇一七人がいた。漢族は新賓総人口の三七・八％を占めた［『新賓満族自治県概況』編写組編二〇〇九：五三］。そして、辛亥革命以降、全国各地域から新賓に移住する人たちが現れた。

S村に在籍している漢族はほとんど清王朝末期、関内（長城以南）から新賓地域へ移住してきた農民である。新賓は昔、清王朝王室の封禁の地域であり、主に永陵に駐屯する満族が居住していた。辛亥革命以降、土地を獲得するため、山海関以内の山東地域などからの農民が相次いでここに移住してきた。二〇〇五年、新賓地域における漢族の人口は七万四一二六人であり、県総人口の二四・二％を占めている［新　二〇〇九：二二］。そして、S村に暮らしている漢族もほぼ山東省からの農民であり、現在約二七〇人がいる。彼らは朝鮮族小組以外の小組に満族と雑居している。

これに対して、中国に在住している朝鮮族は、明末清初の戦争俘虜《ふりょ》、満洲国時期の日本の朝鮮人移民政策などの政治による移民である。また、朝鮮における生活困難、水田耕作を目的とする移住が歴史的背景になっている。

一八五〇年頃、朝鮮族が中国の東北地域に移住し始めた。最初、東北地方の開発を進めるため、清王朝は積極的に彼らを受け入れた。その後、「一六年から二四年ころにかけて、興京県(今日の新賓県)では朝鮮人人口が一五〇二人から二万三四五七人へ、柳河県では五三五六人から九一〇六人へと急増し、有名な水田耕作地帯となった。水田耕作を知らない漢族地主が、水田耕作をよくする朝鮮人小作人を歓迎したことも、それを加速した」[高崎 一九九六:二三]。

当時、中国に在住していた朝鮮族を省別に見ると、主に東北三省の黒竜江、吉林、遼寧省に集中していた。その中で、「遼寧省の朝鮮族は日本の満洲における政策と関わり、朝鮮族の移民及び一〇年以降に水田が開発され始めると、主として水田の開発・生産に従事すべく、さらに多くの朝鮮人が移住してきた。そして、朝鮮人村を形成した。その中には今日、朝鮮族郷に発展しているところもある。一八年の調査によると、興京県(現在の新賓)六万五二三二人、である」[高崎 一九九六:一九三]。

そして、中華人民共和国が成立した後、彼らに中国籍が与えられ、新しい民族政策によって朝鮮族として認定され、少数民族としての歴史が始まった。一九五二年に、朝鮮族の集団居住地で、朝鮮族による自治がおこなわれ、自治機関を設置し、自治権を行使している。現在の人口は約二〇〇万人で、そのうち吉林省が一二〇万人、黒龍江省に四五万人、遼寧省に二五万人と、いわゆる東北三省に集中している。

「朝鮮族は四五年以降も、多収穫品種の改良などに大きな役割を果たし続けている。(中略)各地で、栽培技術に長じた朝鮮族が漢族に対して、その指導をしている状況にある。水田耕作は朝鮮人の共同作業を必要としたために、朝鮮人村が形成されていった。結果として、民族性を維持するうえで有利な環境である小さな集居地区がたくさん作られたわけである」〔高崎　一九九六：二一七〕。本論の調査地である新賓県にも朝鮮族村が形成され、朝鮮人学校、文化館、教会などを設置している。

前に述べたように、S村は七つの小組から構成されている。そのうちの朝鮮族小組とは、その名が示すとおり朝鮮族出身者によって構成されている。ほかの六つの小組には、満族と漢族が混住している。朝鮮族小組は自らの言葉や生活慣習を持ち、一つの小組に集中して、村においては他の小組と少し異なる存在のように見える。以上のような背景を踏まえ、次節以降では行政、社会、宗教、慣習などの側面から、満、漢、朝鮮という三民族の交流、民族間関係を把握する。

二　行政活動

一九八四年、遼寧省人民政府は新賓地域に管轄されていた二一郷鎮の中から一三郷鎮を選び、満族郷鎮を成立させた。さらに、中央政府に新賓満族自治県を成立させる要請書を提出した。一九八五年一月一七日、国家国務院はその要請を正式に許可し、新賓県を新賓満族自治県に変更して全国最初の満族自治県が成立した。

そして、第二章にすでに述べたように、満族自治県の成立は、満族の利益を固めつつあり、国家の政治、経済などの面で様々な優遇政策に恵まれた。政治面では、彼らの政治的地位を固めるため、新賓県政府は満族幹部の選抜と育成を優先し、政府機関における満族出身者の比例が増え、県長と書記などの重要職はすべて満族となった。また、郷、鎮レベルの幹部は、満族がその半分以上を占めるようになった。経済面では、税金の減免、補助金の増加および商工業政策の開放などが実施された。その他、満族の就学、就職などの面にも少数民族を支援する政策が作られた。

新しく打ち出された優遇政策は村民たちの生活や考え方に影響をもたらした。彼らはそれぞれの政治、政策面の優遇を目指し、積極的に政府の政策に対応した。当時、自治県の設置は新賓地域における満族人口が総人口の八五%以上を超えるという条件があった。自治県を成立させるために、満族は自らの民族籍が満族であることをアピールした。彼らの中で、過去漢族として民族籍を登録していたが、改めて民族籍を満族と申請し、満族出身者のことを認めるようになる人たちも現われた。

自治県の成立のために、満族は当然であると思われるが、一部の漢族も協力して積極的な態度を見せた。特に漢族の中で、自ら民族籍を漢族から満族に変える者さえ現れた。以下のインタビューは、新賓満族自治県が成立する際に、当時の状況や民族籍の変更を示す。インタビューの対象であるZ氏(男性、五八歳)は第四小組の組長であり、長く村の会計を担任する者である。彼は元々漢族の出身者であるが、現在戸籍上では満族として登録している。

インタビュー①(A=筆者、B=Z氏)

A:新賓満族自治県が成立する時、どんな様子だったか。

B：一九八五年頃のことでした。当時、新賓満族自治権政府の前に非常に盛り上がって人の波ができた。私も見に行った。
A：自治県が成立した後、何か変わったことはあるか。
B：少数民族に関する政策が我々に適用されるようになった。例えば、子どもを二人まで生める。漢族は駄目だよ。進学の試験の点数は一〇点を増やすことができる。
A：村には満族が多いか。
B：ほとんど満族である。漢族は僅かしかいない。漢族であっても、満族に変わったよ。完全に変わってない漢族は少ない。私は「偽満族」である。妻は純粋な満族であり、T家の人である。私は関内から来た「山東満族」だよ。
A：子供は満族ですか。
B：ええ、多くの子供を生むためにね。少数民族なら二人の子供が生めるから。

Z氏と同じように、民族籍を満族に変更する漢族も少なくない。彼らの大部分は配偶者、母親、親戚が満族であるという条件で、民族籍を満族に変えることができた。そして、民族籍を変更する際の、政府側の認定や手続きは簡単である。族譜や譜単などの自らが満族であることを証明できる書類、物を提出するか、あるいは漢族であっても満族の親戚がいれば、戸籍の民族を漢族から満族に書き直し、村幹部に印鑑を押してもらえば、籍の変更が完了する。

彼らは出産や仕事のために、籍の変更を自ら望むようになった。Z氏のように「偽満族」、「山東満族」と自認する人も多く見られる。彼らは家族の誰かが純粋な満族であるため、満族に親近感を持っているわけである。

その結果、村の戸籍の記録によると、一九八五年以来、S村には、漢族から満族へ変更した漢族は合わせて二三三人いる。満族籍に変わる漢族は進学する子供に限らず、二〇～五〇代の大人も含む。各家の状況から見れば、彼らは主に以下の四つの種類に分けられる。

夫婦両方が漢族である場合、夫婦及びその子供全員が満族に変わる。
夫は満族、妻は漢族である場合、妻は満族の配偶者として満族に変わる。
夫は漢族、妻は満族である場合、夫は満族の配偶者として満族に変わる。
夫婦両方が漢族である場合、子供が満族出身の祖母などの親戚として満族に変わる。

一方、一九八二年以前、朝鮮族小隊はS大隊に属していた。しかし、朝鮮族小隊は民族的慣習が違うという表向きの理由で、政府に対し独立したい旨の要求を提出した。一九八二年、その要求が認可され、朝鮮族小隊はS大隊から独立し、朝鮮族大隊となった。朝鮮族大隊独立の実際の原因は、当時、小隊は自らの功績を挙げようとして積極的に大隊からの生産指標を達成しても、大隊に食糧を精一杯納めることになり、小隊内部の個人に分配する食糧が非常に少なかった。朝鮮族小隊ではこのことを不満に思い、独立して大隊からの干渉から逃れ、食糧や工分などを自らで分配し、個人の食糧と所得を増加しようとしたからであるという。

そして、一九九八年にS村政府は村の規模を拡大するため、朝鮮族村と合併する意見を伝えたが、朝鮮族村に断られた。二〇〇一年にMJTがS村の村長になって以降、S村は優遇政策に恵まれ、変貌を遂げ始めた。二〇〇三年、S村の整体計画を進めるため、再び合併を提案した。村長MJTは朝鮮組組長のJGZを説得し、合併した後は朝鮮族小組の人々もS村の村民と同じ待遇とすることを保証した。一方で県政府は、朝鮮族小組がR村・N村の朝鮮族たちと合併し、朝鮮族をまとめて一つの朝鮮族村を成立させるという提案もした。組長は村民たちと交渉して、S村と合併することによるメリットを伝え、村民たちの意見をまとめた。政府は、村民たちの不満がつのり陳情に至ることを恐れて、どちらの村に合併するかについて民主投票を行った。その結果、二〇〇三年に朝鮮組は再びS村の所属に戻った。

以上のように、朝鮮族は隣のS村と独立、合併、独立、また合併した経緯を経て、現在、行政上において一つの村にまとまり生活していて、すでに一三年になる。村の合併や朝鮮小組の独立について、筆者は村の元書記であるZDY氏（男性八三歳、漢族）にインタビューを行った。その内容は以下の通りである。

インタビュー②（A＝筆者　B＝ZDY氏）

A：以前、S漢村に住んでいたのは全部漢族だったか。

B：漢村には満族、漢族両方いた。T村にも漢族、満族両方がいたよ。朝鮮村にはほとんど朝鮮族しかいなかった。だいたい一九九八年頃かな、合郷併鎮で村と村を合併し、われわれはまずT村と合併した。二〇〇〇年以降また朝鮮村と一緒になった。本来、朝鮮村も一九九八年一緒に合併すべきであり、政府は合併したがったが、「高麗」（筆者註：朝鮮族に対する別称）はしたくなかった。生活慣習が我々と違うからだ。

A：ずっと昔から、彼らは一つの村だったのか。どういうふうに形成したのか。

B：彼らは自ら一つの村を形成した。ずっと前から。落戸は朝鮮族しかできなく、漢族はだめだ。彼らの生活は不安定で、よく引越しをする。一戸出たら、一戸遷入することになる。

A：朝鮮族は集まって住むが、漢族と満族はどうなのか。

B：漢族と満族は混住する。

A：合併した後、朝鮮組から村の他の小組に移住する人がいるのか。

B：いない。

A：村の他の小組から朝鮮組に移住するのは？

B：難しいよ。朝鮮族はちょっとそれを排斥する。

A：同じ村に合併してもだめ？

B：だめ。彼らは家を漢族、満族に売らない。

インタビューから、朝鮮小組は元々、一つの村として存在しており、朝鮮族のみ居住するところであった。その後、合併することによって、満族、漢族と同じ村に属しても、組間の移住現象が見られない。特に朝鮮族は流動的性質を有して一家で引っ越すことが多いが、常に集中して居住し、ほかの組の満族、漢族の移住を認めず、混住しないことが分かった。

また、一九六〇年代から一九九〇年代まで朝鮮組には、朝鮮族小学校があった。村の朝鮮族学校は一九六〇年代頃から既に成立していた。この学校の運営を支えるため、一軒を遷出したら、一軒の朝鮮族の家を遷入することにしていた。そのため、たとえ彼らの家を購入したいと願う満族・漢族がいても、彼らには家を売らない。そして、現在に至るまで、朝鮮組はほかの民族の流入を抑え、朝鮮族の落戸だけ認めている。

一九九〇年代になると、村の生徒が非常に少なくなって、各村の学校を合併し、永陵鎮における朝鮮族学校に通うようになったため、S村の小学校は廃校となった。その後、永陵鎮の学校も存続できず、現在、新賓県朝鮮族学校という一つの学校だけ残っている。生徒が減少したために、幼稚園、小学校、中学校、高校すべてをひとつで運営している。朝鮮村の学校が廃止となったあとでも、彼らは満族、漢族の移住を抑え、村の人に家を売らない場合、外の朝鮮族に売ることになる。

朝鮮族はよく移動し、朝鮮村には常に人口の流出と流入があった。村に移住したい朝鮮族が近くに住んでいて、村の中に親戚や友達がいて、移住の願いを伝え、遷出の情報があれば、すぐ知らせがもらえる。たとえば、一九七四年、朝鮮族村はとくに、移住が多く、九戸が遷出して、また新しく九戸を受け入れた。しかし、彼らはいくら移住しても、村の総戸数は変わらず、常に約四〇戸を維持している。一九八五年、新賓満族自治県が成立する際に、S村における漢族の中で、民族籍を満族に変更した人は少なくない。しかし、民族籍を満族に変えた朝鮮族は一人もいなかった。

二〇〇三年、朝鮮村とS村が一つの村に合併され、行政上の連結によって両者は以前より緊密に結びつけられるようになった。村における社会的活動の中では、朝鮮組と他の小組との協力と分散が見られる。

他の六つの小組と同じように、朝鮮組は小組単位でおこなわれる村内の労働やイベントに参加する。たとえば、村改革の際に、朝鮮組は同量の労働任務が配分され、漢族、満族と一緒にダムを造ったり、道路を整備したりした。また、村では毎年集団活動がおこなわれる。七月一日の建党記念日には、各組の党員は食事会をして、記念品をもらえる。三月八日の婦人節の際には婦人たちは懇談会をおこない、果物とおやつを食べながら互いに話し合う。村の財政に余裕がある時に、記念写真を撮る場合もあった。以上のような村内のイベントに朝鮮族の人々も共同で参加する。

一方、朝鮮族は村のイベント以外に、自らの小組内で多様な活動をおこなう。そのうち、最も注目が集まるのは民族旅行と婦人節である。まず、毎年七月頃の農閑期に、一度旅行に行くことになる。組長は旅行先を選び、内容を計画する。旅費はほとんど小組から出すので、みな無料で参加できる。費用は常に小組の自留地の収入、および県内の企業からのサポートを利用する。その時、村からは補助金などはもらえない。

いままで、彼らは組内の民族旅行で集安、大連、丹東、瀋陽、本溪、長白山、鳳城、撫順、桓仁など市外へ旅行に行った。昨年（二〇一四年）の旅は長白山に行った。これについて、第三章五節の事例で紹介した朝鮮組のL氏は「小組には毎年一回のイベントがあり、わざわざバイト先から村に戻ってきた。二〇人ぐらいが参加し、年寄りは同行させなかった。人数に合わせて車をレンタルした。長白山まで行って、そこで食べ物を味わった。朝鮮料理が多くて、楡《ニレ》の皮の冷麺を食べた」と語ってくれた。

朝鮮族にとって、三月八日の婦人節は重要な日であり、盛大な祝いをおこなう。朝鮮族の女性は平日に家事や農作業に従事し、負担が重いからである。そのため、婦人節の際に、労働から解放され、三日間休んで祭りを楽しめる。S村の朝鮮族は、生産隊時代から婦人節の日に、食用犬を買って来て料理し、食べながら歌を歌ったり踊りをしたりして遊ぶ慣習がある。男性も女性と一緒に祝いをする。以前、村にいる人が多かった時には四つか五つのグループに分けて祝いをしたが、近年では、多くの人が不在のため、皆で過ごすようになった。

そして、すでに述べたように、朝鮮組は他の小組に比べて、比較的豊かであり、小組の財政は常に余裕がある。そのため、組長は福祉サービス、生活応援を提供する。組内の成員に季節や祝日に合わせ、卵、肉、食用油、粉などの食料品や生活用品を配る。また、医療保険料などの補助金を交付する。たとえば、農村の社会医療保険を九〇元支払う時、個人は四〇元を払い、小組が五〇元を負担する。以上のような朝鮮族の民族文化活動や社会福祉の援助などは、すべて朝鮮組の単独の活動である。その場合、村の他の小組を招待したことは一切ない。

三　信仰と生活慣習

第三章「満族の宗教と民間信仰」では、S村の満族は祖先、保家神を崇拝し、また仏教などを信じていることを紹介した。これに対して、朝鮮族小組にはキリスト教を信じる人が多く見られる。朝鮮族のキリスト教徒たちは自宅で聖書を読み、教会の活動に参加する。以前は信徒の数が多く、平日に

三、四家族が集まって勉強会をおこなっていた。その後、出稼ぎや引越しが流行するため、村にいる信徒が激減し、勉強会ができなくなった。彼らは毎週、村に最も近い永陵鎮の朝鮮族教会（写真6―1、6―2）に通っている。この朝鮮族教会は毎週水曜日と日曜日に牧師が来て、祈り、聖書の勉強、賛美歌を歌い、掃除などをする。今年（二〇一五年）、また四人が韓国へ出稼ぎに行ったため、信徒数がさらに減少した。現在、ほぼ毎週教会に行くのは一五人前後である。

筆者が調査中に滞在していたK氏夫婦（第三章五節の事例を参照）の家はキリスト教を信仰している。K氏夫婦は三〇年前からキリスト教を信じ始めた。彼らはいつも朝鮮語の聖書（写真6―3、6―4）を読んでいて、教会にも行く。一九九〇年代頃、中国の南の方へ出稼ぎに行った当時、近くには漢族の教会しかなかった。K氏夫婦は最初、漢族の教会に行ったが、中国語の聖書がうまく理解できず、他の朝鮮族の教徒もいなかったため、教会へ行くのを一時中止した。その後、韓国へ出稼ぎに行った

写真6-1　永陵鎮の朝鮮族教会（出所：筆者撮影）

写真6-2　教会の礼拝堂（出所：筆者撮影）

写真 6-4　聖書の中身（出所：筆者撮影）

写真 6-3　朝鮮語の聖書（出所：筆者撮影）

写真 6-6　K 氏夫婦の三輪車（出所：筆者撮影）

写真 6-5　キリスト教のカレンダー（出所：筆者撮影）

時には韓国の教会に通い、村に戻ったK氏は家で勉強会を開いていた。教会の中に気になった若い女性がいたが、その女性は後にK氏夫婦の三男の嫁になったというエピソードがあった。現在、K氏夫婦は毎週二回程度、永陵鎮の朝鮮族教会に通っており、教会へ行くために三輪車を買った（写真6―6）。

一方、近年、他の小組にもキリス

ト教徒が現われたが、朝鮮族の住人と関係がなく、それぞれ参加する教会も活動も区別している。満族と漢族の場合は、三・四組にリーダーがいて、信徒を集め、礼拝などの活動を組織している。彼らのことに対して、村の人々は、「あまり好きではない。人が亡くなった時に、歌を歌うなんて情けない」と言うなど受け入れない人もいる。

生活慣習について、朝鮮族は朝鮮語を話し、朝鮮文字を書く。また、飲食はキムチや大根などの漬物、ご飯、スープなどが中心である。料理を作る時に、朝鮮族伝統の大きな鉄鍋（写真6—7）を使う家が多い。各家には、漬物を貯蔵する穴蔵があり、漬物をたくさん作る。朝鮮族は歌も踊りも上手で、祭りの際には、皆が集まって男女共に民族衣装を着る。子供が一歳と老人が六一歳、七一歳の誕生日には、祝いのイベントである「擺卓」をおこなう。擺卓の際に、主に魚、鶏、餅、花、果物などを使って机の上に飾りを作る。昔、各家は自分で擺卓をしたが、現在、それをできる人が少なく、専門的な人を雇って作ってもらうようになった。一回擺卓をすれば、一〇〇〇元ぐらいかかる。

日常生活では朝鮮族は隣の小組の満族、漢族と接触するうちに、互いに影響しあうようになった。特に、言語や飲食の面では、互いに相手の好い慣習を学びあうなどしている。朝鮮族は満族、漢族と交流するうちに中国語を話せるようになっている。六〇歳から七〇歳代の人でも、簡単な中国語の日常会話ができる。

朝鮮族の人は生活の中で朝鮮語を使っている。特に、女性たちは隣の家に遊びに行って、雑談する際にはほとんど朝鮮語を話す。偶に、炒め料理の名前や人の名前など中国語の中でよく使われる言葉が出たら、朝鮮語と中国語を混ぜて話す場合もある。そして、朝鮮族と満族、漢族の人と交流する際に、中国語を使っている時に、隣に朝鮮族がいれば、同じ話でもまた朝鮮語に変えるので、満族と漢族は意味が分からない。

これに対して、朝鮮族の若者は中国語を話す人が増えている。前述のL氏の家の例を挙げると、L氏と夫は家の中で朝鮮語を話す。二人は簡単な中国語を話せ、漢字も書ける。L氏の息子は子どもの頃からずっと朝鮮族の学校に通っていたため、朝鮮語を話せる。しかし、中学校以降、徐々に朝鮮語を話したがらなくなった。学校の勉強や本を読むのは朝鮮語にするが、生活の中で、朝鮮語を話すことが嫌いになった。L氏は息子が他の小組の子どもと遊んで、多くの漢族の友達が出来て、中国語に慣れ、朝鮮語が面倒になったからであると言った。その結果、息子は家の中で、両親と話す時、基本的に中国語を使うようになった。現在、韓国への出稼ぎから村に戻る時にも、相変わらず中国語を使うほうが多い。

写真 6-7　朝鮮族の鍋（出所：筆者撮影）

調査中に筆者は、村における満族、漢族および朝鮮族の生活慣習について、婦人主任を担当する満族出身のDYQ氏にインタビューを行った。このインタビューの詳細な内容は以下の通りである。

インタビュー③（A＝筆者　B＝DYQ氏）

A：村の中で、誰かの家に用事とか、祝いがあれば、みな互いに手伝うか。

B：うん、行く。普通は同じ小組の人々は早めに行く。他の小組の人はほとんど賑やかしに行く。民族にかかわらず、仲が良いなら、手伝いをする。

A：何を手伝うか。

B：料理を作ったり、皿を洗ったり、テーブルを片付けたりをする。

A：村の中の満族、漢族、朝鮮族は生活や習俗において区別があるのか。

B：細かく見れば、まだ違いがある。満族と漢族は墓参りに違いがある。満族は仏托を挿す。朝鮮族は春節の際に対聯《ついれん》を貼らない、朝鮮族は我々と異なる。女性は家から外出せず、新年の挨拶をもしない。平日は同じような服を着るが、祝日に彼らは民族衣装を着て、踊るよ。

A：互いに影響を与えたことはないか。

B：いいところは互いに影響する。主に飲食の面に見られる。

このインタビューによって、現在、朝鮮族は新鮮な野菜を食べたり、炒め料理を作るようになったことがわかった。朝鮮族は元々、春節の際に餃子を食べる習慣がなかったが、満族と漢族に影響され、餃子を食べるようになった。しかし、彼らは、満族と漢族のように、門に対聯を貼ったり、紙銭を燃やしたりはしない。春節の間に、朝鮮族の女性は親戚や友人の家に挨拶に行くこともせず、自宅で静かに過ごすことになる。そして、日常生活において、ほぼ同じように見えるが、満族、漢族、朝鮮族の差異は主に墓参り、伝統的な祝いなどにある。満族は信仰活動、特に祖先祭祀の面で漢族と朝鮮族と区別している。また、朝鮮族は生活慣習、民族伝統などの面で本民族の特色をもっている。

各民族間の通婚状況（表6―1）について、村の幹部婦人主任は以下のようなことを語った。

写真 6-8　台所（出所：筆者撮影）

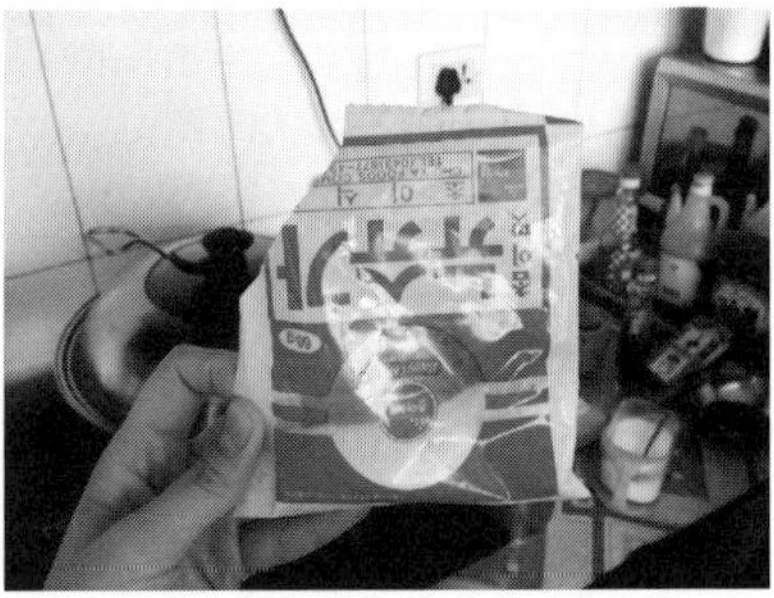
写真 6-9　朝鮮の調味料（出所：筆者撮影）

写真 6-10　漬物（出所：筆者撮影）

写真 6-11　朝鮮族の部屋　（出所：筆者撮影）

写真 6-12　民族風の部屋飾り（出所：筆者撮影）

（朝鮮族は）近年、出稼ぎでお金を稼ぎ、明るくなった。また、嫁に行った人もいる。男の家はあまり裕福ではなく、嫁を探すのは難しい。こっちの方（村の満族）は北朝鮮からの嫁がいる。つい最近、GZの家は北朝鮮の嫁を買ったが、どこかに逃げて行方が分からなくなってしまった。結婚の日を決めてもうすぐ結婚式だよ。本当に仕方がない。そして、HJの息子も、北朝鮮の嫁と結婚した。嫁の年齢は二二歳と言うが、見た目は非常に若くて、実際には一八、一九歳くらいと思われる。彼女はよくお金を使って、家計が上手なひとではないらしい。満族と漢族の結婚が多くて、もう珍しいことではない。

村の通婚状況から見れば、満族と漢族の結婚は件数が多く、一般的な現象となり、両方の男女ともに違う民族の相手と結婚することが可能である。満族と漢族が通婚した後、信仰上の変化が見られる。

特に、満族の嫁になる漢族の女性が夫の家の信仰を信じるようになる。彼女たちは家の「老祖宗」、保家神を祀ったり、仏教徒になってお経を読んだり、寺院に参拝をしたりするようになる。彼女たちは元々信仰を持っていなかったが、満族と結婚することをきっかけに家の一員として、満族の慣習や信仰を身に付けるようになる。

例えば、M家の長男の妻（六八歳）は漢族出身であり、M家に嫁ぐ前は、仏教を信じていなかったが、結婚してから仏教徒となり、現在までの約四〇年間、仏教を信じている。彼女はあまり漢字が読めないため、お経などを暗誦したり理解したりすることは難しいが、心の底からの敬虔な仏教徒である。

表6-1　S村における各民族間の通婚状況

民族	件数	男女状況
満族と漢族	55	満族の女性と漢族の男性
		満族の男性と漢族の女性
満族と村外の朝鮮族	4	満族の男性と朝鮮族の女性
村内の朝鮮族と満族（漢族）	2	朝鮮族の男性と満族（漢族）の女性

（出所：インタビューの内容より筆者作成）

彼女は長年肉を食べず、毎週寺院の活動も積極的に参加し、掃除などの奉仕をとおして、僧侶たちの手伝いをしている。

日常生活において、漢族出身の嫁は満族の夫の家における結婚生活に言及する際に、常に満族を「規矩大」、「礼節多」と言う。以前の満族は一般の漢族より、家の決まりや儀礼などのこだわりが多かったのである。

村の中で、W家は純粋な満族の家と言える家の一つである。昔、W家は満族間の通婚だけ認めていたが、WWS（男、八六歳）の時から漢族との通婚を始めた。WWSの妻GYZ（女、七七歳）は漢族出身である。彼女はW家の嫁になった際に、信仰を持たず、満族の儀礼をおこなうこともできなかった。最初、夫の母からすべての躾を受け、義母の行動を真似していた。満族の生活について、漢族出身の嫁として、彼女は「あの頃、私は若くて、こんなにいろいろなことができなかった。満族の規矩が大きかったわ。こっそり勉強して、真似をするしかできなかった」と述べた。

漢族と満族の通婚以外に、満族が村外の朝鮮族と結婚することもあるが、それは満族の男性と朝鮮族の女性との結婚の場合だけに限られている。近年、満族の家庭、特に嫁探しが難しい家は金を使って北朝鮮からの嫁を受け入れる現象が現われている。その場合、必ず仲介会社や仲介人を通じて、若い朝鮮族の女性を紹介する。男性の方は写真やインターネット電話などで北朝鮮の女性と簡単にお見合いをおこない、うまく行くなら、結婚する条件を相談することになる。

村には、このような通婚はまだ僅かな例であるが、嫁に来た朝鮮族の女性が常に若すぎて、言葉、生活慣習もあまり通じないことが多いため、満族の男性と性格が合わず、生活に摩擦が多く起る。また、彼女たちは元々結婚する気がなく、結婚した後、逃げ出す人もいる。そのため、村人にとって、満族と外来の朝鮮族との婚姻関係は不安定で、問題が生じることが少なくない。

一方、以前、村の朝鮮族は満族や漢族など他の民族と結婚することはなかった。他民族との通婚は民族の違いによって、生活慣習が異なり、親が反対する。朝鮮族出身の年寄りは「われわれは辛いものが好き、漬物、煮物を食べるが、漢族たちは炒め料理を食べる。また、マナーも違う。満族と漢族はマナーがよくないところがある」と反対の理由を主張する。朝鮮族女性の結婚生活について、L氏は以下のように語った。

過去はマナーが多かった。食事の際に、年寄りの男性には専用のテーブルがあった。料理ができたら、まずそのテーブルを出して、彼の分を用意しなければならない。その後、皆のテーブルを出して食事をする。食べ終わったら、ご飯を作った鍋に水を入れて、出来たお湯を飲ませた。家に客がいる時、子どもと女性は一緒に食事できなかった。客が帰った後に、台所で簡単に食べる。嫁は一日三食を用意し、年寄りと子どもの面倒を見て、家事と畑のことをする。女性はずっと働き、食事をよく食べられない時もあって、結婚生活に苦労していた。現在は便利になった。

現在、村の中で、民族を問わず、恋愛して結婚する若者が現れるようになった。しかし、満族と漢族の結婚は多く見られるが、朝鮮族と満族、漢族との結婚はまだ稀なことである。さらに、結婚しても、朝鮮族男性は他民族の嫁を迎えることをひかえている。数多くの朝鮮族は依然として自民族の女性がマナーを守り、勤勉であると思う。この点は親が他民族との通婚を反対する最も大きな原因であり、村の満族と漢族も、朝鮮族が自分達との通婚を遠慮すること及びその理由をすでに意識している。

近年、朝鮮族の人口が減少し、出稼ぎが増加しつつあるため、朝鮮族と満族、漢族の結婚は二、三家の例があったが、生活慣習が違って、長く続かず、結局すべて離婚した。現在、朝鮮小組には、朝鮮族と満族が通婚している家は二戸だけである。他の小組に、北朝鮮や外の村から迎えてきた朝鮮族の嫁がいたが、前述の通り、仲介者を通して金で買った嫁であった。ある満族の男性は二〇一五年に、北朝鮮から女性を買い、結婚式を準備したが、嫁は結婚する前に逃げ出したため、恥ずかしさで、嘘をついて村人にこのことを隠そうとした。

一方、日常生活における朝鮮族と満族、漢族の家の間には、個人的な付き合いがある。特に、地理的に朝鮮小組に近い組は朝鮮族と接触が多く、暇がある時、互いの家に遊びに行って、話し合ったり、家事を手伝ったりする。また、付き合いがある家に結婚式、出産などのイベントがあれば、祝いに行くことになる。朝鮮族の家が満族、漢族の家とこのような付き合いをすることは必ずしも普遍的な現象ではなく、気が合う二、三軒の家との交流に限っている。その時、彼らは相手の民族、あるいは満族であるか、漢族であるかについて特に意識していない。相手の民族慣習に対する関心も薄く、満族に対する理解はただ満族が犬を食べないという程度だけである。彼らにとって、満族と漢族はほぼ同じように見える他民族ということにすぎない。

朝鮮族と満、漢関係について、朝鮮族のK氏は「うちはまあいいほう、私は満族、漢族、朝鮮族の友達が両方いて、付き合いがある。他の家はそんなに多くはない。主な原因は①言葉が通じないため、付き合っても交流できない。多くの人は聞いたことが分かるがうまく話せない、②性格のせいである。朝鮮族はキレやすく、いつも独立のことを考えるからである。しかし、自らは独立の能力と資本がないのに。そして、そんなに近いのに、独立しようとするのは意味がない」[1]と分析した。

彼の話によって、S村の朝鮮族が他の小組の村民とあまり積極的に交流しないことの原因が分かった。民族の違いによってもたらす生活習慣上の差異以外に、言語の壁、個性や観念の違いが主な原因であると思われる。

村の朝鮮族には韓国へ出稼ぎに行った人が多いが、国の一員として、中国に対しては帰属意識を持っている。これに対して、彼らは韓国の生活に完全に慣れ、社会に入り込んでいるとは言えない。K氏の妻は韓国にいた時、韓国の牧師から「中国と韓国のサッカー等の競技試合を見ると、どっちを応援するのか」と聞かれることがあった。彼女は「もちろん中国を応援するよ」と答えた。この理由について、彼女は「私たちは中国人である。中国で育てられ、韓国に来たがそれで韓国を応援するわけがない。私たちは仕方がないため韓国に来たが、お金を稼いだら中国に帰る。試合を見る際に、いつも中国のために祈りをする。国籍は中国であるから、どこに行っても中国を応援する」と述べた。

四　小括

本章では、S村に共同で暮らしている満族、漢族および朝鮮族の関係を把握するため、各民族の行政、信仰、生活慣習に見られる特徴と共通の面を挙げた。満族や朝鮮族のような少数民族は昔から自らの生活慣習があり、信仰や儀礼の面に漢族より決まりが多く見られる。谷富夫に従って、民族間の関係志向を「結合―分離」で表現する。その中で、結合関係は利害関心に基づく相互依存関係と価値の合意に基づく共同関係の二つに分けられる。そのため、民族間の価値が一致しなくても、結合関係を形成することができる［谷　二〇一五：五一―五二］。それ故、満族と漢族、朝鮮族との付き合いは各民族の独自性が表わされていながら、相互間の協力、通じ合うこともあり、民族の結合関係が見られる。

S村における民族関係について、満族と漢族は生活面の交流から見れば、十分結合している。両者は通婚の開始の時期が早く、人数が増えている。少数の伝統的な大家族には満族の嫁にこだわりがあるが、純粋な満族の家でも漢族との通婚を受け入れるようになった。両方の通婚はすでに普通のように見られる現象である。

一方、朝鮮族は言語や生活慣習上にまだ自民族の特徴を維持している。村の他民族との付き合いは言葉の障害だけではなく、生活の摩擦が生じやすいことが見られる。中国の農村部における朝鮮族は水田耕作のために、昔から集中的に居住している。S村の場合、行政上の理由が主な動機となって、朝鮮族村は元々満族が多く住んでいる村と合併されるようになった。合併した当時、朝鮮族が政府側の呼びかけに応じたのは、合併でもたらされる経済面の利点を考慮したからである。

一方で、村の合併にかかわらず、朝鮮族は村の中で、依然として比較的固定的な人間関係を保っている。満族や漢族と比べれば、彼らの人数は少数であるが、民族内の結束力が高く、積極的に隣の漢族や満族と付き合う姿が見えない。

現在、行政上では朝鮮族小組はほかの小組と同じように、組長に管理され、村の各活動に参加している。一方、朝鮮族は各家の個人レベルで他民族との付き合いをし、複雑な感情を持っている。朝鮮族は小組を単位にして同民族旅行、祝いのイベントなどの活動を単独に組織する。この過程において、彼らは他の小組と交流せず、他民族をイベントから排除している。また、日常生活では、朝鮮族の各家は満族、漢族に対する好き嫌いがあり、自らの好みによって家ごとの交流と付き合いを展開している。

4　小括

S村の朝鮮族小組は生産隊時代から、水田開発の技術を持ち、土地が広くて集中していたため、農業の収入がより多い。近年、彼らの間に出稼ぎが盛んで、現金を稼げるようになり、生活が村の満族と漢族より豊かである。出稼ぎは彼らの生活の各方面に影響を与える。特に、経済上の富裕化は彼らの生活様式を大きく変えると同時に、自らの優位性を意識して彼らの考え方、民族間の付き合いにも変化をもたらした。他の小組の村民も、朝鮮族が自分より豊かであることが分かって、彼らの変化が感じられる。

朝鮮族は言語、食べ物、信仰などに民族慣習を維持している。他民族との結婚はまだ少ない現象である。一方、朝鮮族は民族のアイデンティティを誇りとしつつも、国籍は中国であり、中国に対する帰属意識を示す面も現われている。

注

（1）村の朝鮮族は満族、漢族と地理的に近く、行政、生活上の接触が多いため、本当の独立ができないことである。

結論

本書は、今日の満族社会の実像の提示に主眼を置き、新賓満族自治県S村の事例を取り上げ、政治経済、信仰、氏族組織及び民族関係などの側面から考察してきた。地域的特徴と政治的背景という二つの要素を充分考慮しながら、各章でそれぞれの実践の観察と聞き取りをおこない、満族の人々の日常生活を記録し、満族社会の特徴と変化を把握することを試みた。各章の内容はそれぞれ独立し、異なる側面から満族を考察しているが、満族の独自性という点からすると、各章の内容は関連しており、緊密に繋がっている。

まず、満族にとっての聖地とも言うべき新賓満族自治県の地域的特性を考慮しながら、改めて満族の信仰、氏族組織を分析することとした。また、東北農村部における朝鮮族との共住という地域的事情があり、S村は満族、漢族、朝鮮族という三つの民族の併存を特徴としてもつ。調査地は中国において一六世紀末期から満族の発祥・発展の地として、歴史的に重要な地域ととらえられている。中国の東北地域で発達した建州女真人から発展した満族は、現在、全国各地域に分散しているが、東北地域を彼らの拠点として、数多く集中的に居住している。S村は特別な自然と歴史的環境によって、当地では民族英雄からの影響、多様な文化や民族の融合などの地域的な特徴も見られる。これらの特徴は各章で取り上げる当地の信仰、氏族組織及び民族関係の形成と発展に深く関わる重要な基盤である。

次に、中国における影響力の顕著な政治的背景を看過できない。中華人民共和国成立以来、土地改革、社会主義現代化、改革開放、中国の特色のある社会主義などの政策が絶えず打ち出されてきた。満族も当然、一連の政策に巻き込まれ、時代的な変化に応じて変貌しつつある。それ故に、一九五〇年代以降の社会的変遷に伴う満族社会のあらゆる側面の特徴とその変化について考察するべきである。現代中国社会における急激な変容のなかで、満族に対する「変化」と「不変」という視座を通して窺える、満族の民族的あり方について焦点を絞って結びに代えたい。

以上のような背景、条件を視野に入れ、満族の実態と変容を明示し、社会的、文化的に異なる方面から民族のありようをまとめて、本書の結論を導き出す。

一九五〇年代頃から現在に至るまでの中国は計画経済から市場経済への変化が起こった。農村及び少数民族自治地域における満族社会では、政治と経済状況は社会の発展とともに変わっていく。この過程において、S村の政治経済は以下の三つの転換期に大きく分けて、今日の様子まで辿り着いた。

1 生産隊時期

農村で実施された中国計画経済体制は、農産品の統一購入・販売、城郷二元戸籍制度及び農村人民公社制度から構成される。そのため、農民の社会的地位が変わり、土地と農民の生産資料が私有制度から集団所有に変更され、新しい社会主義合作関係が作り出された。S村では、民族、男女を問わず、全員が人民公社に編入され、共同労働に参加していた。当時、すべての経済活動は農業を中心にしていた。

同時に、統一購入・販売政策を徹底的に進行させるため、農村人口の都市への移動を抑える都市と農村の間に二元戸籍制度が打ち出された。S村の戸籍は農業人口と非農業人口の二種類を含み、遷入と遷出は慎重に管理されている。一九七〇年代に始まった計画生育政策も農村人口の管理と深く関わっている。S村でも民族、戸籍、性別などを条件として、計画生育政策を執行し、子供の出生数を有効に抑制している。

2　改革開放時期

一九八〇年代以降、郷政府が成立し生産隊の時代が終了した。郷政府の下に、各村において村民委員会を設置して行政機能を果たし、生産大隊の経済機能を取り消した。改めて土地制度を改革し、集団と個人の関係が変わった。農民は農業生産、経営の権利を獲得するようになった。S村は村委会が成立し、主に生産隊時代の小隊構成の形式を継続し、七つの小組に変更した。政治組織は「村支部」と「村委会」からなり、各小組に対する日常管理を執りおこなう。村委会の成員たちは、「村民委員会組織法」に従い、村民たちの選挙で選ばれる。各小組には組長が設置され、政府と村民の間の媒介として、村の管理を協力しておこなっている。

十一届三中全会以来、中国全国において土地改革、人民公社の後、第三回の土地制度に対する改革が実施された。今度の農村経済改革の核心は家庭承包制であり、S村の村人の間では「単干」と呼ばれる。「単干」によって、土地を分配し、生産量はかなり向上し、家族の食糧問題が解決され、農民の生活には大きな変容を見られた。

3　新しい経済改革時期

二〇〇〇年以降、S村は生活環境、経済発展を中心に、基礎設備の改善、農業、養殖業・林業、社会福祉サービスという四つの方面から改革を行った。特に、生産貧困扶助プロジェクト、百村開発プロジェクトを立ち上げ、村民の生活慣習、生活環境の改善に大きな効果が表れた。国家政策の面において、税金の免除、補助金の支給などの国家から農民を支援する農業政策を増加させている。農民が土地を自由に販売することを除き、永久に土地の占有、支配、使用、譲渡の権利を有することで、農民と土地を緊密に結び付かせる。

一方、土地から離れた農民は都市や海外へ出稼ぎに行く者が増加している。特に、S村の数多くの朝鮮族は言葉の利点や政策の活用などの自らの優位性を利用して韓国へ出稼ぎに行くようになった。彼らは主に仲介会社、親族訪問、国際結婚及び国家の就労政策などのルートを通じて、繰り返し韓国に行って長期的に就労している。出稼ぎは家の生活を豊かにすることを目的とし、生活を改善したが、村の人口構成、生活様式にも影響を与えた。

以上の三つの時期を概観すると、農業集団化、「単干」、新改革時代を体験してきた満族は他の民族と同じような生活変化をこうむった。計画経済時代とは異なる激しい競争が溢れる社会にあって、市場経済は満族にも影響を及ぼすようになった。その中で、社会的発展は経済を中心にするように変わっていく。過去、農村で豊かで比較的固定的な人間関係で結ばれていた彼らは、利益を追求する意識が強くなっており、考え方の変化からが付き合いの仕方が「合作」から「雇用」に変わり、人間関係の変化を招くようになった。

そして、新しい時代に入ってから、政策上において農村地域および少数民族に対する優遇政策によって、村の社会的環境、村人個人の生活環境は改善され、変貌している。一方、現在、開発できる特別な自然、人文資源を持たないことなどが原因で、新改革時期を経ても、村の経済は大きな発展を見せなかった。この場合、村の発展と村民の生活の向上はさらに国家政府の優遇政策に依存する傾向を高める。あるいは、政策上の変動は彼らの生活と密接な関係にあると言える。上述したような政治経済は満族の生活環境、心理上の認識の形成と変化に強く影響する社会的背景となっている。満族の信仰、人間関係、民族交流などの活動はいずれもこの幕の下に展開されている。

満族の信仰に関して、観察と聞き取り調査をおこない、それらの人々の日常生活を支えてきた内面的世界の実態を把握することを試みた。特に、中華人民共和国成立以降の社会的変遷に伴う満族の信仰の特徴とその変化について考察した。

4　満族の信仰

一九八〇年代から、伝統的な祭祀儀礼の復興の傾向が現れて以降、現在の満族の祭祀儀礼は、主に仏教などの伝統宗教と祖先祭祀や保家廟信仰などの民間信仰の二者を中心に実践されていることが分かった。信仰の対象については、必ずしも単一的、一神教的なものではなく、仏教と胡仙をはじめとした複数の神を信じている場合が多い。それは、宗教と民間信仰が融合しているかのようにも見える。

満族の民間信仰には、祖先祭祀と保家神信仰が含まれており、自然崇拝や動物崇拝などが特徴として表われている。祖先祭祀は、主に屋内に祖先板子を設置するか祖先像を祀ること、および墓参りか焼紙を通じて、自分の祖先に対する思いを表わす。満族にとって、墓参りは不可欠の行事であり、家ごとにそれをめぐって「揷仏托」、「送灯」、「焼包袱」などの儀礼が復活されてきた。一方、保家廟は一部の氏族の間で再建され、保家神を祀る儀礼も再開されるようになった。保家神は、それぞれの氏族の専有とされるものであり、一族の安全、安寧、平和を守る存在であると見なされている。

しかし、復活した伝統的な祭祀儀礼はすべてが過去の再現ではなく、その中のある部分が調整されたものである。むかしは複雑で厳しく管理されていた祭祀儀礼が、現在では家族の強い意向によって、無意識のうちにそれを模倣して伝承されていたりする。今日の祭祀は個人の考えや気持ちによって決められており、古い要素のいくつかを削除し、各家の慣習、あるいは祀る神の性格にしたがって、儀礼に力を入れる側面も異なっている。また、それぞれの祭祀儀礼では、過去のように現世利益を求めることにとどまらない。彼らは、神様や祖先を崇拝する原始性を保持する一方で、安心感と責任感を満たしたいという要求も顕著になってきている。

5　地域的特徴

すでに繰り返し述べてきたように、新賓地域は満族の居住地域のなかでも独特な歴史的経緯をたどってきたこと、地理的条件によることから、特別な存在であると言える。そこで、新賓県の満族はどのような特徴があるのか、宗教と民間信仰の面において、他の民族とどのような違いがあるのかについて検討してきた。

儀礼内容に着目すると、満族は祖先祭祀と保家神信仰をともに信仰するという共通点があった。祖先祭祀について見れば、一見したところ漢族の祭祀と同じように見えるが、儀礼の詳細な部分では満族特有の伝統が依然として残っている。それぞれの家には細部で異なる部分もあるが、清明節の仏托、墓参りの供え物、寒衣節の焼包袱、屋内に祀る祖先板子・祖先像などは共有していて、満族の特徴であると言える。また、各家とも大きな祖墳の地を有することも、周辺の漢族と大きく異なる。

保家神信仰については、漢族などの他の民族も同じように保家廟や祠堂があるが、それは祖先を祀るために建てられたものであり、その中に供えるのはほとんどが祖先の位牌である。しかし、この地域でおこなわれているものは、一族で有する自らの保家廟で、胡仙などの動物神や人物神を祀る。満族が昔のシャーマンや保家廟を通じて、胡仙などを祀るのは、民間信仰と一族の密接な関係を表わしていると言える。この点について、劉正愛は「地仙信仰は中国地域で最も普遍的に見られる信仰である。東方地域では地仙と個人の関係のほか、地仙と家族の関係が特に重要であるように思われる。同じ地仙信仰が見られる山西省や山東省には、筆者の調査した限り、このような確認はできなかった」［劉 二〇〇六：二六五］と指摘しており、新賓地域の特徴と言えよう。

確かに、満族の保家廟は一族の私有物である。その中には、祖先ではなく、胡仙と眼光娘娘などの保家神を祀っている。一方で、保家廟信仰には祖先に対する思いを巻き込み、仏祖と繫がっている場合もある。そして、儀礼をおこなう際に、彼らは個人の願いより、常に一族の平安と幸福を祈る。つまり、その内容も目的も、漢族の保家廟、祠堂と区別される。

新賓地域の宗教と民間信仰がこのような特徴を形成する原因は、主に満族の元々の多神信仰と、新賓地域の独特な歴史と文化という二つ要素から影響を受けたことによると思われる。多神信仰については、満族の原始宗教シャーマニズムの信奉との関連が考えられる。また、東北地域にある新賓は山が多く、日常生活は自然にある動物や植物と深く関わっており、従来それぞれの神を信じるようになりやすい地域であることとも関わりがあろう。家ごとに違いもあるであろうが、各家は自然神や動物神や真人神など数多くの神を対象にし、多神信仰を信じている。他方で、満族はヌルハチの時代から仏教と関帝信仰を積極的に利用し、シャーマニズム以外の多様な宗教をも発展させている。清王朝成立以来、各民族の融合に従い、宗教面の接触も頻繁となった。満族については、特に、仏教・道教からの影響が顕著である。これらのことが、現在、新賓地域の満族が複数の宗教と民間信仰を信じ、互いに補充し合うようになっていると要因であると言えよう。

6　民族的特性

現代中国の満族社会にアプローチしようとする際に、信仰は欠くべからざる視座を提供しうる。時代の変遷に応じて、満族の信仰も変容している。他方で、時間の流れによって、変わらないもの、変えられないものも表わされている。信仰にそれぞれの「変化」と「不変」を探すことにより、満族の取捨選択を、そして彼らの生き様というようなものを窺い知ることができるのではないか。

近現代以来、継続的におこなわれてきた迷信撲滅運動および生活環境の改善は満族の宗教と民間信仰に影響をもたらした。辛亥革命以来、満族の原始宗教シャーマニズムは消滅しつつあり、現在、公におこなうシャーマンはすでに消失した。過去におこなわれてきた複雑なシャーマニズムの儀礼もシャーマンの消失によって、祭天の儀礼は完全に無くなり、祭祖の儀礼のみが墓参りや祖先板子などの一部の内容にしか見られなくなった。祖先祭祀は、祭祀の作法がより簡略化され、その意味も変わっている。すなわち、今日の祖先祭祀は祖先に対する感情が、一方的に亡くなった者から生きている者への加護を求めるのみではなく、双方向的に生きている者から亡くなった者への感謝と愛情を示すことができる。祖先祭祀はやるべきことを完成して安心感を求めるものへと変容した。

これに対して、社会的変動の中にあって、相変わらず残されている儀礼、あるいは一時的に停止された後に再開された儀礼もある。仏教信仰と祖先祭祀などは禁止された時期があった。一九八〇年代からの国家の宗教政策の緩和に伴い、新賓地域でも仏教協会が成立し、元来の寺院を復元したり、新しい寺院を創設したりして、満族の仏教徒が増加している。祖先祭祀については、祖先板を保存できた家は以前の通りに祖先板子を祀っている。一方、祖先板子を焼失した家ではその代わりに、祖先像を設置して、簡易に祀っているのが一般的である。墓参りと焼紙はほぼすべての家で盛んにおこなわれていて、儀礼も過去のやり方で続けられている。さらに、保家廟信仰も一部の満族の間では復活されている。保家廟を祀るのは、常に保家神が一族の平安と幸福を保護することを求めるが、過去の伝統を守り、同姓一族の繋がりを確かめることもできる。

保家廟や祖先板・祖先像のような祭祀は一時的に禁止されていたが、また再開された。儀礼の再開、または祭祀場所の再建の過程において、元々の様子を追求する内容と変形した内容両方がともに見られる。各家は口頭伝承と祭祀儀礼を通じて、祖先を記憶したり、現世利益を求めたり、安心感を追求したりする。それぞれの継承と変化は、いずれにしても、現代における満族の要求に合わせたものである。宗教と民間信仰は社会的環境と時代の変遷に従って、変化せざるを得ない。かつて存在した一部の儀礼が捨てられたり、一部の儀礼が再構成されたりした。こうしてはじめて異なる時代の満族社会の要求を満たすことができる。これらの変化は必ずしも近代になってからにわかに形成されたのではなく、その源流はむしろ多神信仰を信奉する時代から、あるいはヌルハチなどの祖先の時代から形成され続けてきた満族の性格の一つではないか。

要するに、満族は宗教と民間信仰において、旧来の祖先や神を守り続けようとする保守的な思いがある一方で、変遷し融合し続けようとする性格をも内在している。時代の変化に伴って、満族は宗教と民間信仰の内容と形式のどちらも再構成している。この過程において、家の伝統と自らの生活と感情を合わせ、それらを意識しながら満族の伝統に従って儀礼を実践している。この側面から言えば、満族社会は歴史的変遷の中で、周りの変化に応じて、新しく時代を切り開くことが必要となっている。満族は現代社会における自らの要求によって、生き様や考え方を再構成し続けている。その場合は、「不変」は単純な伝承ではなく、「変化」は純粋な創造を超えて、むしろいずれも「再構成」という図式に沿いつつ、新しい要素を変化できない要素と組みわせ、今日の満族を形成しているのである。

今日の祖先祭祀の内容は確かに昔ほど複雑ではなくなったが、満族の人々はその儀礼を通じて、自らの祖先に対する追憶を表し、一族の成員を集まる機会を得る。祖先祭祀は祖先板子、祖墳、族譜及び動物神を媒介にし、一族を結び付け、家族の結束力を強める。彼らは昔から祖先祭祀を重視していて、信仰と氏族組織を緊密に繋げている。氏族内部で共有されている自らの神々を信仰することは、一族の精神を支えている根本であり、氏族組織の徹底的な解体を避けられる。そのため、満族の信仰を論じた上で、満族の氏族組織に関して、その現状、新しい動き及び今後の可能性について考察を試みた。

昔、満族社会において、氏族は婚姻、司法、行政、財政などほぼあらゆる側面に大切な社会的機能を果していた。満族は社会的改革の面において、漢族と同様な社会的改革政策に影響され、氏族組織や家族構造に顕著な変化が表われた。その中で、土地改革による氏族組織の機能の破壊、農業集団化による伝統的家族観念の弱化、改革開放による価値観の変化などの影響が最も顕著である。

その結果、一九五〇年代以降、昔の大家族に代わり直系家族、核家族の比率が急速に増加し、核家族が主な家族構成になった。また、三、四世代同堂の大家族も内部の各世帯の経済が独立し、「同住不同食」の新しいライフスタイルが生み出された。また、氏族間の付き合いが薄くなって、家族間の関係は次第に疎遠になるようになった。

これに対して、近年、一部の満族の中に、祖先祭祀を中心とする伝統的な儀礼が復活する傾向が見られる。大規模な祖先祭祀が再開され、墓参り、族譜の複製、加筆するイベンドをおこなうことを機に、一族は再び連絡が取れて、共通の祖先を偲ぶようになる。氏族の成員にとって、自らの氏族に属する祖先神や保家神の存在は彼らの帰属感を呼び出し、氏族組織を強化し、氏族組織の完全な崩壊から保護される。

また、今日の祭祀は、家族の私的儀礼であるに止まらず、民族文化の重要な一部と見なされるようになった。祖先祭祀の復活に伴い、索羅幹子、祖先板子、族譜など満族の伝統は元々の意味や作法にこだわらず、新しい場所に応用されたり、新しい機能を果たしたりするようになった。祖先祭祀をめぐって、それぞれの伝統的な儀礼は、一族の祭祀であると同時に、民族の特徴を表わすために執りおこなわれるようになった。満族はその価値を意識しながら、自らが満族の一員であることを示そうとしているように見える。

つまり、満族社会において、祖先祭祀は自らの属する民族の誇りをアピールする新しい機能を果し、氏族組織にも今後の可能性を提供している。今後、氏族組織の改善及び民族文化の強調という二つの側面から、祖先祭祀は現代の満族社会において、どのような立場に置かれるのか、また、どのような役を演じるのかを注目していきたい。

社会全体の中で、満族は一つの独立的に存在する個体ではなく、必ず周りの人々と地理的、政治的、経済的な連結を持っている。本書では調査地であるS村の特徴を視野に入れ、満族と漢族、満族と朝鮮族との民族関係を把握し、満族に関して総合的な分析を行った。

満族と朝鮮族は少数民族として昔から自らの言語、生活慣習、信仰、儀礼などを持っている。そのため、満族と漢族、朝鮮族との付き合いは各民族の独自性が表わされていながら、三者の共通、融合の面も見られる。S村の事例から見れば、現在において満族と漢族は互いに影響し合い、生活慣習が接近し、通婚や生活上の交流を頻繁におこなっている。民族関係は長期的に持続し、すでに成熟していると言える。

これに対して、村の朝鮮族は長く満族、漢族と地理的に近く住んでいて、さらに行政上の原因で一つの村に合併されるようになった。しかし、彼らは依然として自らの言葉や生活慣習を維持している。日常生活において、比較的固定的な人間関係を持ち、周囲の満族や漢族より高い民族内の結束力を示している。実際、満族と朝鮮族は言語、慣習などが異なり、積極的に相手と付き合う意欲が見えない。彼らは各家の好き嫌いによって、家ごとの交流と付き合いが展開されている。そして、近年、朝鮮族は海外への出稼ぎのブームに巻き込まれ、生活が一層豊かになっている。彼らは生活様式を変化させ、経済面の富裕化から優位感を生み出した。周りの満族と漢族も彼らの変化を感じとっている。それ故、経済上の差異も民族間の付き合いに影響をもたらした。

今日の満族は朝鮮族ほど民族の言語、舞踊、衣装、飲食慣習などに民族の文化的特徴が見られない。そのため、満族の特徴を示し、その社会的実態を描き出すのは容易なことではない。今日の満族は国家の政治政策の下に、他の民族とほぼ同じペースで改革や変革をおこない、社会の発展を進行させている。少数民族であっても独自的に発展することはできず、他民族との付き合いが避けられないことは現実である。民族間の融合は①地理的距離、②政治、経済など社会的環境の共通性という二つの要素と関わっている。彼らは独自の民族文化を維持するために努める側面と、その成長において本来の文化や慣習を忘れ、周りの勢力や文化を吸収して生まれ変わる側面を同時に表している。

満族の場合は、文化的開放性を持ち、社会的変化を柔軟に対応し、それは満族社会の維持と発展に重要な形式である。各時期において、満族社会は少しずつ変化を起こしており、この過程において伝統の継承と変容両方を含めている。同時に、その民族社会の形態の変化は異なる歴史時期の特徴をも表す。満族は周りの漢族や朝鮮族などの他民族と連結し、その連結が日常の細かところまでに及んでいる。文化的な接触、接近は彼らの民族間の心理的な距離を除き、徐々に緊密な関係を作り出している。

他の民族との区別が徐々に曖昧となる一方、満族は自らの満族氏名、八旗所属などを心の中に覚えていて、族譜、範字、祖先、仏托、保家神などを通じて、満族の存在を確かめる。伝統としての信仰や氏族組織は歴史的持続性を示しながら、維持と変化の両面が表われている。現在、それらは民族を強調する際に最も重要な要素となり、一族のものから一民族を代表することに昇華されている。その伝統的文化の進行は満族社会の発展と変遷に精神的支持と影響を与える。

あとがき

本書を完成させるに当たっては、多くの方々のお世話になった。まず、博士課程での指導教員である鏡味治也先生は日頃から筆者を温かく見守って下さり、様々なかたちでご激励してくださり、ご指摘やコメントをいただいた。特に論文の執筆段階においては筆者に勇気を与えて下さったとともに、緻密で適切なご指導、ご教示をいただいた。副指導教員である西本陽一先生も専門的なお立場から丁寧なご指導と多大なご助力を賜った。この場を借りて心から感謝の意を申し上げたい。

次に、二〇一四年九月から二〇一五年七月にかけての四回のフィールド調査にご協力いただいた遼寧省新賓満族自治県の方々に感謝したい。フィールドで出会ったS村の人々には大変お世話になった。特に調査地を紹介して初回の調査に同行までしてくださった新賓満族自治県県政府宣伝部の方、村の滞在中、貴重な情報を提供し、食住の細かいことにいたるまで面倒を見てくださったT氏夫婦、K氏夫婦及びL氏には、心から感謝している。

博士課程において、日本文部科学省国費外国人留学生奨学金（平成二四年―平成二九年）の交付を受けた。学校生活と現地調査を可能にしてくださったこれらの機関とプログラムに感謝する次第である。

なお、最後になるが、筆者の日本での生活を応援し、論文作成に励まし続けてくれている両親や主人にも、最大の感謝の気持ちを表したい。

参考文献

〈日本語文献・資料〉
赤田光男
　一九九一『祖霊信仰』雄山閣出版。
芦田正次郎
　一九九九『動物信仰事典』北辰堂。
芦名定道
　二〇〇七『多元的世界における寛容と公共性——東アジアの視点から』晃洋書房。
雨森直也
　二〇一二「新たな「地域文化資源」の創造とエスニック・アイデンティティの強化——中国雲南省鶴慶県におけるペー族の観光化村落を事例として」『アジア経済』五三（六）：七二—九五。
江守五夫・愛新覚羅顕琦編
　一九九六『満族の家族と社会』第一書房。
王宏剛・楊紅
　二〇〇五「マンシュー・ツングース系民族における柳崇拝」『東アジア研究』四二：三—一六（大阪経済法科

大学アジア研究所)。

大山彦一
一九五二『中国人の家族制度の研究』関書院。
可児弘明・国分良成編
一九九八『民族で読む中国』朝日新聞社。
川口幸大・瀬川昌久編
二〇一三『現代中国の宗教——信仰と社会をめぐる民族誌』昭和堂。
川野明正
二〇〇四「東アジアの『運搬霊』信仰」『饕餮』一二：二〇。
高丙中
二〇一三「無形文化遺産研究の課題としての民間信仰」西村真志葉訳『日本民俗学』二七三：一七一—一九三(日本民俗学会)。
小長谷有紀ほか編
二〇一〇『中国における社会主義的近代化』勉誠出版。
崔吉城ほか
一九九二『韓国の祖先崇拝』お茶の水書房。
崔吉城・日向一雅編
二〇〇〇『神話・宗教・巫俗——日韓比較文化の試み』風響社。
佐々木衛
二〇〇三『費孝通——民族自省の社会学』東信堂。
佐々木衛・柄澤行雄編
二〇〇三『中国村落社会の構造とダイナミズム』東方書店。
佐々木信彰編
二〇〇一『現代中国の民族と経済』世界思想社。
山谷孝ほか

二〇〇〇『村から中国を読む』青木書店。
ジョセフ・A・アドラー
二〇〇五『中国の宗教』、伊吹敦・尾形幸子訳、春秋社。
施立学
二〇〇八「東北地域と満族文化」『東北文化』二〇〇八年二期：九一―九五。シロコゴロフ、S・M
一九六七『満洲族の社会組織』大間知篤三・他訳、刀江書院。
新谷尚紀ほか編
二〇〇三『暮らしの中の民俗学〈二〉一年』吉川弘文館。
秦兆雄
二〇〇五『中国湖北農村の家族・宗族・婚姻』風響社。
杉本良男編
一九九五『民族・宗教・伝統――イデオロギー論的考察』南山大学人類学研究所叢書V。
瀬川昌久
二〇〇四『中国社会の人類学――親族・家族からの展望』世界思想社。
瀬川昌久編
二〇一二『近現代中国における民族認識の人類学』昭和堂。
高崎宗司
一九九六『中国朝鮮族――歴史・生活・文化・民族教育』明石書店。
瀧澤俊亮
一九八二『満洲の街村信仰』第一書房。
竹田旦
一九九五『祖先崇拝の比較民俗学――日韓両国における祖先祭祀と社会』吉川弘文館。
田畑久夫ほか
二〇〇一『中国少数民族事典』、二〇〇一年五三―五九頁、東京堂出版社。
谷富夫

祁建民
　二〇一五『民族関係の都市社会学——大阪猪飼野のフィールドワーク』ミネルヴァ書房。
　二〇〇六「宗族の行方と近代国家——中国基層社会の再編について」『県立長崎シーボルト大学国際情報学部紀要』七二〇〇六年四月：二三三—二四五。
チャールズ・テイラー
　二〇〇九『今日の宗教の諸相』伊藤邦武ほか訳、岩波書店。
趙展
　一九八五「中国における満洲学の復興」『天理大学学報』河内良弘訳
覃 光広ほか編
　一九九三『中国少数民族の信仰と習俗（上巻）』林雅子訳、第一書房。
中兼和津次編
　二〇〇二『中国農村経済と社会の変動』御茶の水書房。
中西裕二
　二〇一三「社会変動と宗教の〈再選択〉——ポスト・コロニアル期の人類学研究」（宮沢千尋編）『文化人類学』七七（四）：六一七—六一九、日本文化人類学学会。
中根千枝
　一九七〇『家族の構造』東京大学東洋文化研究所。
中村治兵衛
　一九九二『中国シャーマニズム研究』刀水書房。
聶莉莉
　一九九二『劉堡——中国東北地方的宗族及其変遷』東京大学出版会。
　二〇〇〇「風水宝地と王朝」聶莉莉ほか編『大地は生きている』五八—六七頁、てらいんく。
ピアーズ・ヴィデブスキー
　一九九六『シャーマンの世界』岩坂彰訳、創元社。
平野健一郎

一九八八「中国における統一国家の形成と少数民族——満族を例として」平野健一郎編『アジアにおける国民統合』三三—一〇五頁、東京大学出版会。
フリードマン、M
一九八七『中国の宗教と社会』田村克己ほか訳、弘文堂。
一九九二『東南中国の宗族組織』末成道男ほか訳、弘文堂。
松本ますみ編
二〇一四『中国・朝鮮族と回族の過去と現在』創土社。
三上次男・神田信夫編
一九九六『民族の世界史〈三〉東北アジアの民族と歴史』山川出版社。
宮沢千尋編
二〇〇九『社会変動と宗教の〈再選択〉——ポスト・コロニアル期の人類学研究』風響社。
毛里和子
一九九八『周縁からの中国——民族問題と国家』東京大学出版会。
山下晋司
一九八八「儀礼に記録された歴史」須藤健一ほか編『社会人類学の可能性Ⅰ　歴史の中の社会』一五—三三頁、弘文堂。
山下晋司編
二〇〇七『資源化する文化』弘文堂。
山本斌
一九七五『中国の民間伝承』太平洋出版。
劉正愛
二〇〇六『民族生成の歴史人類学——満洲・旗人・満族』風響社。
渡邊欣雄
二〇〇一『風水の社会人類学』風響社。
渡邊欣雄編

一九八九『環中国海の民俗と文化〈三〉祖先祭祀』凱風社。

〈中国語文献・資料〉

鮑明
二〇〇五『満族文化模式：満族社会組織和観念体系研究』遼寧民族出版社。
富育光
一九九〇『薩滿教与神話』遼寧大学出版社。
二〇〇〇『薩滿論』遼寧人民出版社。
富育光・孟慧英
一九九一『満族薩滿教研究』北京大学出版社。
撫順市社会科学院他
一九九九『撫順清前史曁満族文化国際学術研討会論文集』遼寧民族出版社。
国務院人口普查𠬤公室編
二〇一二『中国二〇一〇年人口普查資料』中国統計出版社。
範麗珠
二〇一〇『宗教社会学——宗教与中国』時事出版社。
郝時遠他
二〇〇八『中国少数民族現状与発展調查研究叢書・新賓県満族巻』民族出版社。
郭淑雲
二〇〇一「薩滿面具的功能与特征」『民族研究』二〇〇一年六月：六六—七三。
姜相順
二〇〇二『満族史論集』、遼寧人民出版社。
菅志翔
二〇一六「中国族際通婚的発展趨勢初探」『社会学研究』二〇一六年一月：一二三—一四八。

韓水法
二〇一六「現代民族――国家結構与中国民族――国家的現代形成」『社会科学』二〇一六年五月：六―三一。
金澤・邱永輝
二〇一二『中国宗教報告二〇一二』社会科学文献出版社。
金正鎬
二〇〇四「東北地区伝統民居与居住文化研究」博士論文、中央民族大学
許経勇
二〇〇九『中国農村経済制度』厦門大学出版社。
馬啓成
一九九三『宗教と中国少数民族』二一八―二三六頁、天津古籍出版社
『民族問題五種叢書』遼寧省編輯委員会編
二〇〇九『満族社会歴史調査』民族出版社。
孟慧英
二〇〇〇『中国北方民族薩満教』社会科学文献出版社。
李林
一九九二『満族宗譜研究』遼瀋書社。
李燕光他
二〇〇三『満族通史』遼寧民族出版社。
劉志偉
二〇一二「明清族譜中的遠代世系」『明清史』二〇一二年五月：二八―三五頁、中国人民大学書報資料社。
劉小萌
一九九八『満族的社会与生活』北京図書館出版社。
二〇〇一『満族従部落到国家的発展』遼寧民族出版社。
劉小萌・定宜庄
一九九〇『薩満教与東北民族』吉林教育出版社。

欧大年
一九九三、『中国民間宗教教派研究』上海古籍出版社。
欧大年・範麗珠
二〇一三『中国北方社会的民間信仰』上海人民出版社。
瀋秀清他編
二〇〇〇『清永陵』大連出版社。
瀋秀清・張徳玉
二〇〇〇『満族民間故事選』遼寧省新賓満族自治県文物管理所。
王玉軍他編
二〇一〇『撫順年鑑二〇一〇』遼寧民族出版社。
烏丙安他編
一九八三『満族民間故事選』上海文芸出版社。
『新賓満族自治県概況編写組』編
二〇〇九『新賓満族自治県概況』民族出版社。
定宜庄・胡鴻保
二〇〇一「従族譜編纂看満族的民族認同」『民族研究』六月：五八―六五。
杜家驥
二〇一六「清代満族与八旗的関係及民族融合問題」『社会科学戦線』六月：九二。
楊慶堃
二〇〇七『中国社会的宗教』範麗珠訳、世紀出版社。
楊英傑
一九九一『清代満族風俗史』遼寧人民出版社。
張亜輝
二〇一二「清宮薩満祭祀的儀式与神話研究」『明清史』二〇一二年二月：二八―四〇頁、中国人民大学書報資料社。
張徳玉

二〇〇一『満族発源地歴史研究』遼寧民族出版社。
張雷軍
二〇〇一「論満族文化規範社会群隊行為的機能」『雲南社会科学』二〇〇一年四期：六九—七五。
趙展
一九九三『満族文化と宗教研究』遼寧民族出版社。

図・表・写真一覧

図

表

写真

ま

や

ら

た

な

は

索引

著者紹介

張琳（Lin Zhang）
1987年遼寧省撫順市生まれ。
2017年金沢大学人間社会環境研究科博士後期課程修了。博士（学術）。専攻は文化人類学。現在、浙江大学研究員。
主な業績に「地方、民族及び国家関係における氏族組織の機能：満族T氏に対するフィールドワークを例として」（青海民族研究2022年第3号掲載）など。

現代中国における満族　生活・信仰・氏族とその変容

2023年3月20日　印刷
2023年3月31日　発行

著　者　張　　琳
発行者　石　井　雅
発行所　株式会社　風響社

東京都北区田端4-14-9（〒114-0014）
Tel 03(3828)9249　振替 00110-0-553554
印刷　モリモト印刷

ISBN978-4-89489-292-7 C3039